はじめてでもそのまま使える

手話 会話フレーズ228

鈴木隆子 監修

お出かけ

仕事

SNS・ネット

体調・病気

趣味

日常

学校

JN028674

ⓘ 池田書店

はじめに

　最近テレビのドラマなどで手話が扱われることが増えました。周りの方からも、「隆子さん、最近手話のドラマをよく放送していますね。これで手話をする人が増えて良かったですね」と言われます。でも私には複雑な思いがあります。テレビで扱われている手話、本当のことを伝えているのかな……

　手話通訳の仕事をして19年目。そして、手話通訳士 兼 日本語教育能力検定試験に合格した日本語教師として「聴覚障がい者のための手話でおこなう日本語講座」を開講して16年目となりました。その間、日本各地のろう者・中途失聴者・難聴者・人工内耳装用者の方々とお会いして日本語を指導させていただき、ご相談にのってきました。いや、ご相談にのるというのはおこがましいです。みなさんの悩みを伺い、一緒に泣き、一緒に笑ってきました。私には「手話通訳すること」と「日本語を指導すること」以外は何もできないので、ただみなさんのお話を伺うことしかできません。でも「喜ぶ者とともに喜び、泣く者とともに泣く」という姿勢を実践したいと思ってきました。

　今は巷にいろいろな情報があふれています。誰でも情報を発信できる時代です。だからこそ、手話に興味を持ってくださる方々には本当のことをわかっていただきたいと思います。

　①聴覚障がい者には「ろう者」「中途失聴者」「難聴者」「人工内耳装用者」がいらっしゃり、それぞれの母語が異なり、日々の生活の大変さがちがうこと。
　②手話には、それを使う聴覚障がい者の母語によって「日本手話」と「日本語対応手話」があるということ。

③「人間に上下がない」のと同じように、言語にも上下がないこと。「日本手話」と「日本語対応手話」、どちらが良い、悪いではなく、それを使う人の母語のちがいによるのだということ。だから数ある手話の本ではじめて日本語の文章に対して、日本手話と日本語対応手話、両方の表現を併記しました。

　④手話は言語であると、2006年12月に国連の『障害者権利条約』で認められました。言語である以上、言語について専門的に学んだ人でないと正しい指導はできないということ。

　⑤手話から日本語、日本語から手話に換えるためには、日本語と手話についての専門知識が必要だということ。

　聞こえる方も聞こえない方も聞こえにくい方も、人生の途中で聞こえなくなった方も、みんながお互いを尊重して仲良く幸せに暮らせますように。だって、「自分とちがう人を見下したり、排除すること」はとてもカッコ悪いことで、自分とちがう人も快く受け入れるという受容の心こそ素晴らしいと思うからです。

　この本で手話を学ぶ方々が、日本手話を使うろう者にも、日本語対応手話を使う中途失聴者、難聴者の方にも、人工内耳装用者の方にも優しい気持ちで接してくださいますように、心の底から願っています。

手話通訳士 兼 日本語教師

鈴木隆子

本書の使い方

　日本で使われている手話には、「**日本手話**」と「**日本語対応手話（対応手話）**」の**2種類**があります（→20ページ）。**本書は、その2種類の手話を両方掲載**しています。「日本手話」はおもにろう者が使う手話（日本語と語順がちがう）で、「日本語対応手話」はおもに中途失聴者・難聴者が使う手話（日本語と語順が同じ）です。

　「日本手話」は上段に、「日本語対応手話」は下段に掲載しているので、両方のちがいを楽しみながら学んでください。ここでは、さまざまな場面で使える手話フレーズを紹介する、第2章〜第8章の使い方を説明します。

節タイトルです。「近況を聞く」「住んでいる場所を聞く」など、この見開きの話題を表しています。

掲載**フレーズ**は、使ってみたい汎用性の高いものをセレクトしました。

「日本手話」の**語順**です。どんな単語をどういう順で並べるのか見てみましょう。

手話の形と動きを、イラストと説明文を見ながら練習しましょう。

フレーズの話題に関連した、手話の知識や単語の表現などを**豆知識**として紹介しています。

「日本語対応手話」の**語順**です。

手話の形と動きを、イラストと説明文を見ながら練習しましょう。

2語以上の手話単語がひとつの意味を表すときは、「＋」マークをつけています。「場所」＋「何？」で「どこ？」という意味になります。

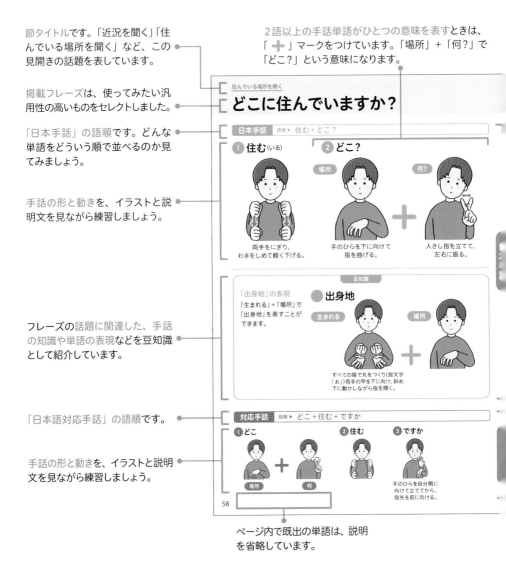

ページ内で既出の単語は、説明を省略しています。

- 基本的に、**手話単語を表すときは利き手をメイン**に使います。右手でなければいけない、左手でなければいけない、というルールはないので、動かしやすい方の手を使えばOKです。
- 本書は、**右利きの人がまねしやすいように、手話の動きを表すイラストを「鏡写し」**にしています。右利きの人は、イラストに向かって同じ側の手を動かして練習してください。
- **左利きの人は、イラストに向かって反対側の手を動かして練習**してください。同様に、説明文に「右」とあったら、反対の「左」の手を動かしてください。

左ページのフレーズに返事をしてみましょう。

指文字とは、手の形で日本語の五十音やアルファベットを表すものです。手話の動きの説明では、このように"指文字「あ」の形"、"数詞（数を表す語）「1」の形"という表現を使うことがあります。「指文字・数詞」は、巻末付録（→207ページ以降）で解説しているので、練習してみてください。

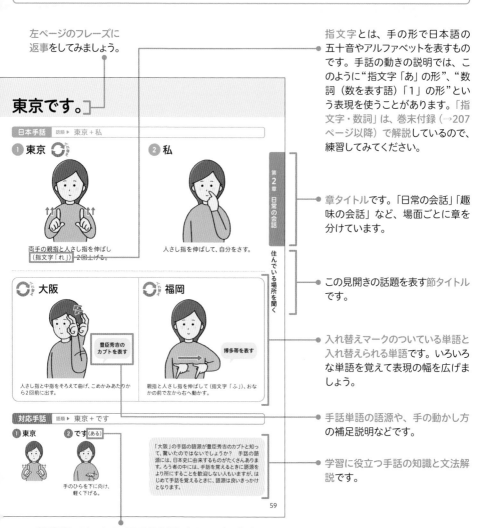

東京です。

| 日本手話 | 語順 ▶ 東京 ＋ 私 |

① 東京

両手の親指と人さし指を伸ばし（指文字「れ」）、2回上げる。

② 私

人さし指を伸ばして、自分をさす。

第2章 日常の会話

住んでいる場所を聞く

大阪

豊臣秀吉のカブトを表す

人さし指と中指をそろえて曲げ、こめかみあたりから2回前に出す。

福岡

博多帯を表す

親指と人さし指を伸ばして（指文字「ふ」）、おなかの前で左から右へ動かす。

| 対応手話 | 語順 ▶ 東京 ＋ です |

① 東京

② です（ある）

手のひらを下に向け、軽く下げる。

「大阪」の手話の語源が豊臣秀吉のカブトと知って、驚いたのではないでしょうか？ 手話の語源には、日本史に由来するものがたくさんあります。ろう者の中には、手話を覚えるときに語源をより所にすることを歓迎しない人もいますが、はじめて手話を覚えるときに、語源は良いきっかけとなります。

59

章タイトルです。「日常の会話」「趣味の会話」など、場面ごとに章を分けています。

この見開きの話題を表す節タイトルです。

入れ替えマークのついている単語と入れ替えられる単語です。いろいろな単語を覚えて表現の幅を広げましょう。

手話単語の語源や、手の動かし方の補足説明などです。

学習に役立つ手話の知識と文法解説です。

手話単語の別の意味（同形異義語）をカッコ内に紹介しています。（手話単語「です」には「ある」という意味もある。）

目　次

第1章　手話の基本

第2章　日常の会話

あいさつ

第3章　趣味の会話

第4章　お出かけの会話

買う

第5章　仕事の会話

第6章　学校の会話

勉強

第7章　SNS・ネットの会話

第8章　体調・病気の会話

病気

巻末付録　指文字・数詞

第 1 章

手話の基本

ここでは、手話とはどのような言語なのか、
どのような歴史があるのかなど、
手話の基本について説明します。

1

手話の基礎知識①

そもそも手話って何？

手話は、音声でコミュニケーションをとることが難しい人たち（聴覚障がい者→19ページ）のための「目で見る言語」です。手話には、以下に述べるような2つの特徴があります。

日本語よりも明確に表現する

たとえば「好きではない」と伝えたいとき、日本手話では「好き」＋「ちがう」ではなく、「嫌い」と一語で示します。このように明確に表現することが、手話が伝わるコツです。

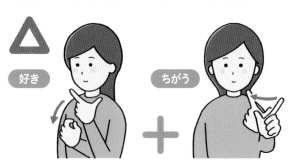

好き　＋　ちがう

嫌い

ひとつの表現にたくさんの意味がある

手話の単語の数は日本語よりずっと少なく、ひとつの単語にたくさんの意味があるものも多くあります。そのため、文脈や口の形などで、どのような意味か判断します。たとえば、右の手話は「名前」「委員」などさまざまな意味がありますが、それを区別するために「なまえ」や「いいん」などと口を動かします。この口の形を「口型」といいます。

名前　バッジ　メンバー　委員

手話は世界共通？

　世界中にさまざまな言語があるように、手話も世界共通ではありません。アメリカではアメリカ手話、フランスではフランス手話が使われています。日本でも日本独自の手話が使われていて、「日本手話」と「日本語対応手話」（以下、「対応手話」といいます）の2種類に分けられます。（→20ページ）

日本手話は「手だけの言語」ではない

　「手話」と聞くと、手だけを動かせばいいと思う人もいるかもしれません。しかし、日本手話（→20ページ）を表現するときには、手や指の動きの他に気をつけるべきことがたくさんあります。

うなずき

並列を表す「と」や、理由を表す「なので」の意味を表現したいときにうなずきを使います。

表情

「はい」「いいえ」で答えるYes／No疑問文でたずねるときは、眉を上げたり、あごを引いたりします。「何？」「誰？」などのWh疑問文のときはあごを前方に突き出して、首を小刻みに左右に振ります。

※動きが難しいため、疑問文の文末はすべて首をかしげるイラストで代用しています。

　このような手や指以外の表現を非手指要素（Non-Manuals：NMs）といいます。これは日本手話特有のもので、あごを上げたり引いたり、首を振ったりうなずいたりする頭の動きや、視線、体の向きも使って表現します。

手話の基礎知識②

手の向きで意味が変わる

「目で見る言語」である手話は、手の方向もとても大切です。手の向きによって意味が反対になってしまうこともあるので、注意しましょう。

メールを送る

メールをもらう

地域・年齢・性別によって表現が変わることもある

日本語では、方言や若者言葉、性別などによって表現がちがうことがあります。同じように、手話も、地域や年齢、性別によって、表現が変わることがあります。特に手話は、地域のちがいだけではなく、ろう学校によっても表現が異なることが多々あります。それは、長年ろう学校で手話を使うことが禁止されていて「これが標準的な手話です」と習う機会がなく、先輩の手話を見て、見よう見まねで身につけたために、学校ごとに独自の表現が生まれたからです。

男性的なおいしい

女性的なおいしい

聴覚障がい者とのコミュニケーション

聴覚障がい者とのコミュニケーションは、手話だけではありません。また、聴覚障がい者だからといって全員が手話を使うわけではありません。状況や相手によって、使い分けましょう。

● 手話

この本で紹介する言語です。おもに手を使って表現します。日本手話と対応手話の2種類があります。（→20ページ）

● 筆談

紙やホワイトボードに書いて伝える方法です。「〜しないわけではない」などの二重否定を避け、短文で伝えましょう。スマートフォンのメモ機能などを使うこともあります。

● 口話

「口話」とは、聴覚障がい者が、相手の口の形を読み取って言葉を理解し、厳しい発音の訓練をして、自分の声が聞こえない状態で音声を発してコミュニケーションをとる方法です。

話しかけるときの合図

音声で話すときは、「ねぇ」と言えば相手は気づいてくれます。しかし、聴覚障がい者に呼びかけは聞こえません。そのため、手招きをしたり、肩をたたいたりするなど、必ず相手に自分の方を見てもらってから話を始めましょう。

手話の歴史

日本で最初のろう学校

　日本ではじめてろう学校ができたのは、1878（明治11）年のことです。京都に、日本で最初のろう学校である京都盲唖院が開設されました。このろう学校の開設により、それまで社会的に孤立していたろう者たちが、仲間と手話でコミュニケーションをとれる環境が整ったのです。

　当時、ろう者は各家庭などでしか通じないような身振り手振りでコミュニケーションをとっていました。このような状況下で、ろう教育の創始者で京都盲唖院の初代校長であった古河太四郎が考案した手話単語が、資料上で確認できるもっとも古い手話とされています。

手話が否定される教育

　1933（昭和8）年、当時の文部大臣が「ろう学校は口話教育をおこなうように」という訓示をおこないました。これにより、日本のろう学校は、口話教育を採用するようになりました。

　しかし、そんな中でも唯一手話を守り続けたろう学校があります。大阪市立聾唖学校（現在は大阪府立中央聴覚支援学校に改称）です。校長であった高橋 潔 は、全国のろう学校の校長でただ1人、手話を守る立場をとりました。

手話が「言語」として認められるまで

　1947（昭和22）年、全日本ろうあ連盟が設立されました。それでも依然として、ろう学校では口話法教育が中心で、手話を使っていることが先生に見つかると体罰を受けることが多々あるような状況が、長く続きました。

　2006（平成18）年12月に、国連の『障害者の権利に関する条約』の中で「手話は言語である」と定義され全会一致で採択されて、ようやく手話が言語として認められるようになりました。そして2011（平成23）年、『障害者基本法』の改正により、日本の法律で、はじめて手話が「言語」として認められることになったのです。

さまざまな聴覚障がい者

「聴覚障がい者」といっても、聞こえの程度やいつ聞こえなくなったかなどは人によってさまざまです。おもに次の4つに分けられ、それぞれちがう困難を抱えています。

ろう者

生まれつき聞こえない、または言語獲得期（3〜4歳頃）以前に聞こえなくなった人をさします。昔は「耳が聞こえない＝話せない」と思われていたせいで「ろうあ者」という言葉も残っていますが、聞こえなくても口話教育により音声を発するろう者もいるので、「おし」「しゃべれない人」という意味を表す「唖」を使わず「ろう者」という表現をするのが一般的です。「全日本ろうあ連盟」は、現在も団体名に「ろうあ」を使っています。

中途失聴者

もともとは聞こえていて日本語でコミュニケーションをとっていた人で、病気などの理由で聞こえなくなった人をさします。相手の言っていることは聞こえなくても、本人は音声を発します。

難聴者

いわゆる「聞こえにくい人」です。片耳だけが聞こえる人、高い音ならわかる人、反対に低い音ならわかる人など、人によって聞こえ方はさまざまです。発話が得意な人が多いため、聴覚に障がいがあることに気づかれず、配慮を忘れられてしまうことがあります。

人工内耳装用者

「人工内耳」という言葉を聞いたことがない人が多いのではないでしょうか。人工内耳とは、外科手術で蝸牛（耳の奥の内耳の部分にある、カタツムリのような形の器官）の中に細長い電極を挿入し、聴神経を直接電気的に刺激して音声情報を伝える方法のことです。手術をしてもすぐに言葉の聞き分けができるようにはならず、訓練が必要です。

手話は2種類ある

　日本で使われている手話には、「日本手話」と「対応手話（日本語対応手話）」の2種類があります。それぞれ、以下のような特徴があります。

日本手話

日本語とは語彙も語順も文法もちがう

　日本手話は、語彙も文法も日本語とはまるでちがいます。日本手話独自の語彙もあり、独自の語順で表現します。非手指要素（→15ページ）を重視する、視覚的にとても豊かな手話です。

おもにろう者が使用する

　日本手話は、ろう者（生まれつき聞こえない、もしくは言語獲得期（3〜4歳頃）以前に聞こえなくなった人）が使う手話で、日本語とは異なる文法が使われています。日本語とはまったくちがう表現をするため、日本手話をそのまま日本語に訳すことは難しいです。

対応手話（日本語対応手話）

日本語と語順が同じ

　日本語の文章と同じ順番で手話単語を表現します。通常は「てにをは」などの助詞を表現しませんが、ろう学校では「文章には助詞が入る」ということを生徒に教えるために、あえて助詞を指文字（→208ページ）で表現することがあります。

おもに中途失聴者・難聴者が使用

　中途失聴者や難聴者など、日本語の文法構造が頭に入っている人が使います。日本語の文章と語順が同じなので、急に聴力を失ってしまった人にとって、日本手話よりずっと使いやすい手話です。

日本手話と対応手話のちがい①

　では、実際に日本語を日本手話と対応手話で表すとそれぞれどうなるのでしょうか。このページと次のページで2つの例をあげるので、上下に並んでいる日本手話と対応手話を比べながら見てみましょう。

> ## 「私の名前は田中です」と言いたいとき…

日本手話

| 私 | 名前 | 何 | 田 | 中 | 私 |

　上記の例のように、日本手話では途中で「何」が入ることにより、「私の名前は何かというと」という表現を使うことがあります。また、文末にもう一度「私」と表現することで、「私の名前」についての話であるということがわかりやすくなります。

※日本手話には他の表現もありますが、ここでは日本手話の中の「修辞疑問文」で表しています。

対応手話

| 私 | 名前 | 田 | 中 | です |

　対応手話では、日本語の文章と同じ語順で手話単語を表現します。また、名詞や形容詞の丁寧形の文末に「です」という単語を使うのは、対応手話ならではの表現です。対応手話は日本語に準じているため、日本語のとおりに「です」を表すのです。

日本手話と対応手話のちがい②

「あの人は私の友達です」と言いたいとき…

日本手話

| あの(指さし) | 私 | 友達 | (指さし) |

　日本手話では、上のように指さしを多用します。手話では助詞の「が」や「は」を表現しないため、文章の主語や主題を明確にするために指さしを文末に使うのです。主語や主題が「私」や「あなた」以外の三人称のときは、通常は利き手の斜め上をさします。しかし、「妹」や「子ども」など、低い位置で表す単語が主語や主題の場合、斜め上ではなく「妹」や「子ども」を表した位置をさします。

対応手話

| あの(指さし) | 人 | 私 | 友達 | です |

　対応手話は、指示語の「これ」や「それ」、「あれ」以外では指さしを使いません。また、手話単語は基本的に自分の体の前で表します。日本手話では2つの単語を比べるときにそれぞれの単語を体の右と左に分けて表します（→174ページ）が、対応手話では単語を表現する位置を分けることはあまりありません。

どうして手話は2種類あるのか

人によって聴力の程度や母語がちがう

　ひとくちに「聴覚障がい者」と言っても、「いつ聞こえなくなったのか」、「母語は何なのか」によって、使用する手話は異なります。生まれつき耳が聞こえないろう者で、ろう学校に通っていた人は、母語が日本語ではありません。そのため、視覚言語である日本手話の方が使いやすいのです。一方で、中途失聴者や難聴者は、母語が日本語なので、日本語と同じ文法、語順の対応手話の方がわかりやすいのです。日本語の文法がわかっている中途失聴者や難聴者にとって、手話は第二言語です。また、反対に日本語を聞いたことがないために日本語の文法が頭に入っていない人にとっては、日本語が第二言語になります。第二言語を完璧にマスターすることがどれほど難しいかは、聴者でも英語の授業を習う中で経験していると思います。

　もちろん育ってきた環境によっては、ろう者でも対応手話を使うことがあります。たとえば、生まれつきろうでも、ろう学校に通った経験がなく、自分以外の家族が聴者という場合は、日本語対応手話を使う人もいます。どの聴覚障がい者がどの手話を使うかは、一概に分けられるものではありません。それぞれが自分にとって一番使いやすい言語を使うのが良いと思います。

日本手話　　対応手話

　人間に上下がないのと同じように、言語にも上下はありません。他の人が使っている言語を批判する権利は、誰にもないのです。

聴覚障がい者の生活

聴覚に障がいのある人は、普段どのような生活を送っているのでしょうか。

音声指示に対応できない

たとえば、人身事故で電車が急に止まってしまったときや、館内放送が流れたとき、聴者であればアナウンスを聞いて事情を把握することができます。しかし、アナウンスが聞き取れない人は何が起きたのかわかりません。また、病院のレントゲン室などでは手話通訳者が入室できないため、体の向きをどうするかなどの音声指示がわからず困ることがあります。

お店での店員とのやりとりが難しい

スーパーやコンビニで、「お箸やスプーンをおつけしますか?」「お弁当をあたためますか?」など、店員から聞かれてもわからないことが多いです。なぜなら、店員はお客さんに向かって大きく口を開くことはせず、下を向いて袋に商品を詰めながらたずねることが多いからです。そのため、聴覚障がい者は店員の音声が聞こえないばかりではなく、口型(口の形)が読めないため、適当にうなずいてしまうことが多いのです。

目覚まし時計やインターホンに代わるグッズを活用

　聴者が何気なく使っている目覚まし時計やインターホンですが、聴覚障がい者にとっては便利ではありません。聴覚障がい者は目覚まし時計の代わりに、振動時計や枕の下に置くベッドシェーカーなど、音の代わりに振動で起こしてくれる商品を使っています。このような商品が開発される前には、扇風機のタイマーをセットして風を体にあてて起きていました。その頃と比べると、ずいぶん便利になりました。

　また、インターホンや火災報知器の音、赤ちゃんの泣き声などを、音の代わりに光や振動で知らせてくれる屋内信号装置もあります。

離れていても手話で会話ができる

　がやがやとしてうるさいところでも、手話でならコミュニケーションをとることが可能です。手話でコミュニケーションをとる人たちは、電車やお店でも口型（口の形）や手話が見やすいように、向かい合って座ることが多いようです。

　他にも、向かいのホームや、ホームと電車の中などの離れた場所で会話をすることができます。しかし反対に遠くからでも会話の内容がわかるので、ナイショ話ができないこともあります。

聴覚障がい者へのサポート

補聴器

　難聴者の聴力を補う医療機器です。アナログ補聴器とデジタル補聴器の2種類があります
が、現在はデジタル補聴器が主流になり、一人ひとりの聞こえ方に、より柔軟に対応できるよ
うになりました。しかし、すべての聴覚障がい者にとって効果があるわけではありません。補
聴器を使うことで「言葉が聞き分けられるようになる人」、「音があることしかわからない人」、
「効果がない人」など、さまざまです。

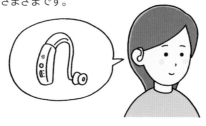

聴導犬

　盲導犬は知っていても、聴導犬は知らないという人もいるのではないでしょうか。それもそ
のはず、2023年4月1日現在、盲導犬が836頭いるのに対し、聴導犬はわずか56頭しかいま
せん（日本補助犬情報センター調べ）。

　聴導犬の仕事は、外では後方から近づいてくる車や自転車、家の中では赤ちゃんの泣き声
や、やかんの音など、日常生活において必要な音の情報を聴覚障がい者に伝えることです。
飼い主と同じ家で生活し、飼い主の生活のすべてをサポートします。

　子犬の頃から盲導犬候補として育てられる盲導犬とちがい、聴導犬は保護犬の中から適性
を見て育てるので絶対数が足りず、聴導犬を待っている人もたくさんいます。

電話リレーサービス

　通訳オペレーターが「手話や文字」と「音声」を通訳することにより、聴覚障がい者と聴者を、電話で即時双方向につなぐサービスです。通訳オペレーターは、聴覚障がい者とはスマホやパソコンの画面越しに手話や文字で会話し、聴者とは音声で会話して、同時通訳します。

| 聴覚障がい者 | 通訳オペレーター | 聴者 |

手話通訳

　聴者と聴覚障がい者のコミュニケーションを橋渡しする仕事です。聴覚障がい者が出席する講演や会議、聴覚障がいの学生がいる大学の講義、病院や保護者会、結婚式や葬儀など、ニーズは多岐にわたります。

　日本語では、一人称（私）や二人称（あなた）のときは主語を省くことが多いのですが、日本手話に通訳するときには適宜主語を追加して表現します。手話から日本語に訳すときも、ろう者の手話の語順をそのまま日本語に換えると正しくない日本語になってしまうので、「意味を変えずに正しい文章にする」ための高度な言語知識と通訳技術が求められます。

　また、通訳する相手に合わせて、日本手話と対応手話（→20ページ）を使い分ける必要もあります。

新しい手話はどのように決まる？

　新しい手話が決まる経緯は、大きく分けると2つあります。

　1つめは、全日本ろうあ連盟の全国手話研修センターにある手話言語研究所（2022年9月「日本手話研究所」から改称）が決める場合。たとえば、新しい年号「令和」は全日本ろうあ連盟の全国手話研修センターが決めました。

　2つめは、誰がつくったというものではなく、聴覚障がい者の中から自然発生的につくられ、それが広まったものです。良い例が「スカイツリー」です。スカイツリーは、2012年2月に完成しましたが、それまでは当然「スカイツリー」という手話はありませんでした。しかし、誰かが両手を指文字「す」にして左右の下から中央に向けて斜め上にあげて、両手の指先をつけて表したところ、それがどんどん広まっていきました。どうやら、地元の聴覚障がい者協会が考案したようですが、そのことは知られていません。考えれば、日本語の新語も同じようなものです。マスコミや企業がつくった場合を除いては、誰がつくった言葉かわからないまま、どんどん広まって一般化していきます。手話も言語ですので、同じような経緯で広まっていくのでしょう。

つぼみが開き
花が咲く様子

令和

すべての指で丸をつくり（指文字「お」）、手の甲を下に向け、ゆっくり前に出しながら指を開く。

スカイツリー

両手の甲を前に向け、親指と人さし指、中指を伸ばし（指文字「す」）、胸の前で指先を向かい合わせてから上にあげて指先をつける。

第 2 章

日常の会話

ちょっとしたあいさつや返事、
あいづちをはじめ、
日常の会話でよく使う単語や
表現を紹介します。

あいさつ

● はじめまして

はじめて

両手のひらを下に向け、
指先を内側に向けて重ね、上の手を、
人さし指だけ横に伸ばしたまま上げる。

会う

2人が対面に
位置して
会う様子

両手の人さし指を、
前後で向かい合わせてから近づける。

● よろしく

良い

手を鼻の前でにぎり、前に出す。

頼む

頼むしぐさ

手のひらを横に向けて指を伸ばし、
そのまま前に倒して、頭を下げる。

● 久しぶり

両手の指を上に伸ばして、
親指以外の指を背中合わせにした状態から、
両手を左右に離す。

豆知識

どのくらい久しぶり？

大きくゆっくり開くと、
「とても久しぶり」の
意味になります。

とても「久しぶり」の場合

● おはよう

朝

起き上がる
しぐさ

あいさつ

頭を傾けて、にぎった手にあてる。
手を下におろしながら、頭を戻す。

両手の人さし指を立てて向かい合わせ、
指先を曲げる。

● こんにちは

「おはよう」の「朝」を「昼」にすると「こんに
ちは」になります。

  昼

時計の長針と
短針を表し、
正午を示す

人さし指と中指を立ててそろえ、額の前に立てる。

● こんばんは

「おはよう」の「朝」を「夜」にすると「こんば
んは」になります。

 夜

暗くなる
様子を表す

両手の指を開いて顔の左右で手のひらを前に向け
てから、顔の前へ動かし、顔を隠すように交差する。

● 日本手話では、時間や相手を
問わず「やぁ」のような形の
あいさつをすることもあります。

相手との関係によってあいさつ
を変える日本人の聴者の社会
とは異なり、目上の人にも同じ
あいさつをします。

片手の指をそろえて顔の横に斜め
に構え、そのまま前に動かす。

お礼・返事

● ありがとう（感謝）

左手のひらを下にして横に向ける。
右手の指先を前に向け、左手首にあててから
上にあげ、頭を下げる。

● どういたしまして
（いいですよ、構いません）

小指をあごに2回あてる。

● ごめんなさい（すみません、申し訳ありません）

迷惑

眉間の前で、
親指と人さし指を近づける。

＋

頼む

迷惑をわびる
しぐさ

手のひらを横に向けて指を伸ばし、
そのまま前に倒して、頭を下げる。

豆知識

謝られたときの表現

「ごめんなさい」と謝られたとき、ろう者は「気にしないでください」とは表現しません。「構わない」または、「大丈夫」を1〜2回表現します。

構わない

小指をあごに2回あてる。

大丈夫

指をそろえて少し曲げ、肩の下あたりの遠い方から近い方へあてて動かす。

● そうです

手のひらを上に向けた状態で、
親指と人さし指をつけたり離したりする。

● ちがいます

親指と人さし指を伸ばしてから
手首をひねって、手の甲を前に向ける。

● わかりました（知る）

手の甲を前に向け、
親指以外の指を横に伸ばし（指文字「く」）、
胸にあててからおなかの方へ下ろす。

● わかりません（知らない）

指をそろえて、
肩のあたりで2回かき上げる。

豆知識

「はい」と「いいえ」の表現

「はい」や「いいえ」は、首の動きをつけます。「そうです」や「ちがいます」の前につけて、「はい、そうです」「いいえ、ちがいます」のように組み合わせて使うこともできます。

はい

頭を下におろして、うなずく。

いいえ

首を横に振る。

返事

大丈夫（できる）

指をそろえて少し曲げ、肩の下あたりの
遠い方から近い方へあてて動かす。

いいよ
（どういたしまして、構いません）

小指をあごに2回あてる。

ダメ

舞台で表すとき
などは両手で
「×」を表す

両手の人さし指を伸ばして
「×」の形をつくる。

ダメ（しかる）

「コラ」と
しかるとき
にも使う

親指を立てて、斜め下にさげる。

豆知識

ダジャレで表すこともある

親指を立てる「ダメ」は「コラ」と叱るときにも使い、転じて、飲み物の「コーラ」も表します。同じ炭酸飲料の「ジンジャーエール」も、「神社」＋「応援（エール）」でダジャレのように表すこともあります。日常会話における表現で、通訳など正式な場では使えません。

神社

両手の指を閉じ、手のひらを2回合わせる。

応援

両手を、親指側を上にしてにぎり、上下に重ねてから胸の前で左右に振る。

● できる（大丈夫）

「大丈夫」と
同じ

指をそろえて少し曲げ、肩の下あたりの
遠い方から近い方へあてて動かす。

● できない

親指と人さし指で、
ほほをつねるように動かす。

● いる（必要）

指先を
おなかにあてる
人もいる

両手の指をそろえて、
指先を胸に2回あてる。

● いらない（必要ない）

両手の指をそろえて、指先を胸にあててから
勢い良く前に向ける。

● したい（好き）

「動詞」+「好き」
=「〜したい」

親指と人さし指を伸ばしてあごの下に構え、
斜め下にさげながら指を閉じる。

● したくない（嫌い）

動詞 +「嫌い」
=「〜したくない」

親指と人さし指をつけてあごの下に構え、
斜め下にさげながら指を開く。

あいづち

● ですよね（同じ）

片手は相手の位置、もう一方は自分の近くで、両手のひらを上に向け、親指と人さし指を伸ばしてから2回閉じる。

豆知識

「同じ」の表現

「ですよね」の動きを両手とも胸の前でおこなうと「同じ」になります。相手と自分の思いが「同じ」であることを示す場合は、「ですよね」と同じく、相手と自分の位置で手を動かします。

両手とも胸の前で動かす

同じ

● 本当?

指をそろえて立て、人さし指側をあごに2回あてる。

豆知識

疑問の表現

疑問文には、「はい」や「いいえ」で答える「Yes ／ No疑問文」と、疑問詞のつく「Wh疑問文」（「何?」など）があり、日本手話ではそれぞれ異なる非手指要素の動きをつけます。「Yes ／ No疑問文」はあごを引き、眉を上げた疑問の表情をつけ、「Wh疑問文」ではあごを前方に突き出し、首を小刻みに左右に振ります。動きが難しいため、本書ではすべて首をかしげるイラストで代用しています。

対応手話豆知識

対応手話の疑問文

対応手話の疑問文では文末に「ですか」をつけます。

● 本当?

本当

指をそろえて立て、人さし指側をあごに2回あてる。

＋

ですか

手のひらを自分側に向けて立ててから、指先を前に向ける。

● 良い

手を鼻の前でにぎり、前に出す。

● すごい

指を曲げた手を、
親指を下にして顔の横に構え、
前にひねる。

● へえ

指をそろえた手のひらを顔に向けたあと、
指先を下に向けながら、胸の方へ下げる。

● なるほど

親指と人さし指を伸ばして
親指をあごにあて、
人さし指を2回倒す。

● やばい

両手の甲を自分側に向けて親指と小指を伸ばし
（指文字「や」）、右手を左手の上にのせて、
2回トントンとたたく。

豆知識

「や」が倍！

「やばい」は、指文字「や」の手で「倍」を
表現する動きをしたものです。

両手の親指と人さし
指をコの字にして左
手の下に右手を構
え、右手を左手の上
に移動させる。

気持ち

● うれしい（楽しい）

両手の指を開き、
手のひらを自分側に向けて、
胸の前で交互に上下させる。

● 悲しい（かわいそう）

親指と人さし指で涙の形をつくり、
目とほほの下の間で交互に、
ひらひらと上下させる。

豆知識

感情表現には表情が大事

「うれしい」と言うときに、顔が曇っていたり声が暗かったりするとまったくうれしそうに感じません。視覚言語である手話を表すときは特に表情が大切になります。

うれしそうに見える

うれしそうに見えない

●とてもうれしい場合、「うれしい+とても（→99ページ）」という表現の他に、「うれしい」1語を早く動かして表す方法があります。

早く動かすことで、とてもうれしいことを表す。

おもしろい

両手をにぎり、
小指側でおなかを交互にたたく。

くやしい

両手の指を軽く曲げて、
胸につけて交互に円を描く。

イライラする

両手同時に、指先を3回ほど開閉しながら、
あごの辺りから頭の方へ上げる。

ショック

両手の親指以外をそろえて自分の胸に向け、
指先を左胸につける。

びっくり

驚いて飛び
上がる様子

右手の人さし指と中指を、
左手のひらの上に立てて、
跳ねるように上にあげる。

豆知識

目玉が飛び出る「びっくり」

目玉が飛び出すほどの強い驚きを表す
「びっくり」もあります。

両手の指を曲げて、
自分の両目の前に
構え、勢い良く斜め
下におろす。

疑問

※本来、日本手話は非手指要素（→15ページ）をともないますが、
疑問形は動きが難しいため、本書ではすべて首をかしげるイラストで表しています。

● 何？

人さし指を立てて、左右に振る。

● なぜ？

「理由」+「何？」
がひとつに
なった表現

右手の人さし指を伸ばして、
横に構えた左手の下をくぐらせてから、
左右に2回振る。

● どこ？

場所

手のひらを下に向けて指を曲げる。

＋

何？

人さし指を立てて、左右に振る。

● 誰？

指の背で、ほほをあごに向けて2回なでる。

● どちら？

両手の人さし指を立てて、
交互に上下させる。

● いくつ？ （何個?）

「いくつ?」「いつ?」
「何歳?」は、指を
同時に2回折るこ
ともあります。

手のひらを上に向け、
親指から順に指を折る。

● いつ？

両手の親指側を上にして上下に構え、
両手同時に、親指から順に指を折る。

● 何歳？

あごの下で、手のひらを
自分側に向け、
親指から順に指を折る。

対応手話豆知識

「歳」＋「いくつ」で質問する
対応手話での「何歳」は「いくつ（何個）」もセットで表します。

● 何歳？

歳　＋　いくつ

● いくら?

お金

親指と人さし指で丸をつくり、
手首をひねってゆらす。

いくつ？

手のひらを上に向け、
親指から順に指を折る。

家族

● 家族

家の中にいる
人々を表す

両手で屋根をつくったあと、
左手はそのまま斜めに構え、
右手の親指と小指を立てて手首を振る。

● 親戚

両手の親指と人さし指の先をつけて、
右ほほにあててから、
右手だけ右斜め前に出す。

● 父

親指で
男を表す

人さし指でほほを触ってから、
親指を立てる。

● 母

小指で
女を表す

人さし指でほほを触ってから、
小指を立てる。

● 祖父

人さし指でほほを触ってから、
指先を曲げた親指を立てる。

● 祖母

人さし指でほほを触ってから、
指先を曲げた小指を立てる。

● 兄

こめかみの
横から
上にあげる

手の甲を前に向けて中指を立て、
上にあげる。

● 弟

ほっぺの
横から
下にさげる

手の甲を前に向けて中指を立て、
下にさげる。

● 姉

こめかみの
横から
上にあげる

手の甲を前に向けて小指を立て、
上にあげる。

● 妹

ほっぺの
横から
下にさげる

手の甲を前に向けて小指を立て、
下にさげる。

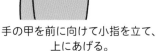

豆知識

「きょうだい」の表現

「兄弟」や「姉妹」という単語は、両手の中指もしくは小指を立てて、交互に上下させて表します。性別に合わせて中指と小指を組み合わせ、「兄妹」や「姉弟」などを表現することもできます。

兄と妹の「きょうだい」

一方で「兄」、もう一方で「妹」を示す。

姉と弟の「きょうだい」

一方で「姉」、もう一方で「弟」を示す。

数・単位

 1

人さし指を立てる。

 2
人さし指と中指を立て、チョキの形にする。

 3
人さし指と中指、薬指を立てる。

 4

親指以外の指を立てる。

5

親指を横に伸ばす。

※数詞「1」～「4」には、指を横に伸ばす数詞「一」～「四」の表現もあります。(→216ページ)

 6

手の甲を前に向け、親指と人さし指を伸ばす。

 7

手の甲を前に向け、親指と人さし指、中指を伸ばす。

 8

手の甲を前に向け、小指以外を伸ばす。

 9

手の甲を前に向け、親指以外の指を横に伸ばす。

 10

人さし指を立てて(数詞「1」)から、曲げる。

5人

自分から見た「人」でOK

左手で、親指を横に伸ばして
数詞「5」を表す。その下に、
右手の人さし指で「人」の文字を空中に書く。

> 豆知識
>
> ### 片手で表現する「5人」
>
> 数詞「5」を表した手で、「人」の文字を空中に書くこともあります。
>
>
> 5人

44

5メートル

左手で数詞「5」を表した横に、
右手の人さし指で「m」の文字を空中に書く。

5グラム

左手で数詞「5」を表した横に、
右手の人さし指で「g」の文字を空中に書く。

5日間

数詞「5」を表した右手を、
胸の左側から右側へ動かす。

両手の指をそろえて
前に向け、上から下へ動かす。

5時間

腕時計を
表す

数詞「5」を表した右手で、左
手首の上で円を描く。

5分

数詞「5」を表してから、人さ
し指で「′」の記号を空中に
書く。

5秒

数詞「5」を表してから、人さ
し指と中指で「″」の記号を
空中に書く。

日付・曜日

● 2023年

手の甲を前に向け、
人さし指と中指を横に伸ばして
数詞「二」を表し、「千」の形に動かす。

人さし指と中指を立てて
（数詞「2」）から、曲げる。

人さし指と中指、
薬指を立てる。

1の位の数詞を
左手の「年」に
あてる

数詞「3」を表した右手を残したまま
左手の親指側を上にしてにぎり、
右手を左手の親指にあてる。

● 4月5日

「1〜4月」、「1
〜4日」を表す
ときは、指を横
に伸ばします。
（→216ページ）

左手の甲を前に向け、親指以外の指を横に
伸ばす（数詞「四」）。その下で、
右手の親指と人さし指で、三日月の形を表す。

「5日」の「日」
は表現しません。

「4月」を表した左手の数詞
「四」を残したまま、
その下に、右手で数詞「5」を表す。

● 月曜日（月、〜月）

三日月の
形を表す

親指と人さし指をつけ、上から下へ動かしながら指先を開いてまた閉じる。

● 火曜日（火）

燃える火の
様子

指を上に伸ばし、手首をひねって揺らしながら上げる。

● 水曜日（水、流れる）

水が
流れる様子

手のひらを上に向けて横にし、波打たせながら、胸の前で水平に動かす。

● 木曜日（木）

木の幹を
表す

両手の親指と人さし指で「C」の形をつくり胸の前で向かい合わせ、手首を返しながら上に向ける。

● 金曜日（お金、費用）

手についた土を
こするしぐさ

お金を表す

親指と人さし指で丸をつくり、手首をひねってゆらす。

● 土曜日（土、砂、粉）

指先をこすり合わせる。

● 日曜日

赤

人さし指を横に伸ばして唇をなぞる。

＋

休み

日曜日はカレンダーが赤くなっているので、「赤」＋「休み」で「日曜日」を表す

両手のひらを下に向け、
左右から中央に動かして並べる。

時制

過去 (以前)

体から
後ろは
過去のこと
を表す

手の甲を前に向けて
指をそろえ、顔の横から
肩ごしに後ろへ動かす。

現在 (今、今日)

両手のひらを下に向け、
軽く下げる。

未来
(今度、あと、〈位置的な〉前)

体の前は
未来のこと
を表す

手のひらを前に向けて
指をそろえ、
顔の横から前へ動かす。

昨日

「1日前」を
表す

手の甲を前に向けて人さし指を立て、
顔の横から肩ごしに後ろへ動かす。

明日

「1日後」を
表す

手のひらを前に向けて人さし指を立て、
顔の横から前へ出す。

2日前

数詞の手話を
後ろへ動かすと
「〜日前」

手の甲を前に向けて人さし指と中指を立て、
顔の横から肩ごしに後ろへ動かす。

2日後

数詞の手話を
前へ出すと
「〜日後」

手のひらを前に向けて人さし指と中指を立て、
顔の横から前へ出す。

先週

「7」+「過去」

手の甲を前に向けて、親指と人さし指、
中指を伸ばし(数詞「7」)、顔の横から
肩ごしに後ろへ弧を描いて動かす。

来週

「7」+「未来」

手の甲を前に向けて、親指と人さし指、
中指を伸ばし(数詞「7」)、顔の横から
前へ弧を描いて動かす。

去年

「年」+「昨日」

左手の親指側を上にしてにぎる。
右手の人さし指を左手の親指にあててから、
肩ごしに後ろへ動かす。

来年

「年」+「明日」

左手の親指側を上にしてにぎる。
右手の人さし指を左手の親指にあててから、
前へ出す。

午前

人さし指と中指をそろえて、
額の前に立て、手の甲側へ倒す。

午後

人さし指と中指をそろえて、
額の前に立て、手のひら側へ倒す。

お名前は？

① 名前

拇印を押す様子

左手のひらを前に向けて、
右手の親指をあてる。

② 何？

人さし指を立てて、左右に振る。

豆知識

手話にも方言がある

日本語と同じように、手話にも方言があります。①「名前」という単語も、関東と関西では表現がちがいます。関東の表現が関西ではまったく通じないということはありませんが、ちがいがあることを覚えておくと便利です。

バッジを表す

関東の「名前」

関西の「名前」

親指と人さし指で丸をつくり、他の指は伸ばす（指文字「め」）。

---

① 名前

② 何

人さし指を立てて、
左右に振る。

③ ですか

手のひらを自分側に向けて
立ててから、指先を前に向ける。

対応手話の疑問文では、文末に「ですか」をつけます。

50

田中といいます。

日本手話 語順 ▶ 田中 + 私

① 田中 🔄 入れ替え

田

両手の人さし指、中指、薬指を重ね、
「田」の形をつくる。

＋

中

左手の人さし指と親指を
横に伸ばし、
右手の人さし指を縦にあてる。

② 私

人さし指を伸ばして、自分をさす。

🔄 入れ替え 佐藤

砂糖

「砂糖」と「佐藤」は
読み方が同じなので
同じ表現で表す

手のひらを自分側に向けて指を伸ばし、口元
で1回まわす。

対応手話 語順 ▶ 田中 + 言う

① 田中

田 ＋ 中

② 言う

人さし指を口元に立てて、
前へ出す。

「田中と申します」と丁寧に伝え
たいときは、「言う」と表現しな
がら「申します」という口型(口
の形)をつけます。

51

最近は忙しいですか？

① 最近

両手のひらを下に向け、
軽く下げる。

指先を前に向けて伸ばし、
左右に軽く振る。

② 忙しい

両手を下に向けて指を軽く曲げ、
交互に水平にまわす。

③ あなた？

人さし指を伸ばして、相手をさす。

対応手話 語順 ▶ 最近＋忙しい＋ですか

① 最近

② 忙しい

③ ですか

手のひらを自分側に
向けて立ててから、
指先を前に向ける。

昨日まで大忙しでした。

日本手話　語順 ▶ 昨日＋まで＋とても忙しい＋私

① 昨日

手の甲を前に向けて人さし指を立て、
顔の横から肩ごしに後ろへ動かす。

② まで（最後）

左手の指先を前に向けて伸ばす。
右手の指先を左に向けて動かして、
左手のひらにあてる。

③ とても忙しい

「忙しい」よりも
大きく動かす

両手を下に向けて指を軽く曲げ、
交互に水平に大きくまわす。

④ 私

人さし指を伸ばして、自分をさす。

対応手話　語順 ▶ 昨日＋まで＋とても＋忙しい＋でした

① 昨日	② まで	③ とても	④ 忙しい	⑤ でした（終わる）
		右手の親指と人さし指を伸ばし、弧を描くように右へ動かす。	両手を下に向けて指を軽く曲げ、交互に水平にまわす。	両手のひらを上に向け、下げながら指を閉じる。

お元気ですか?

① 元気?

両手の甲を上に向けてにぎり、
両ひじをはって2回下げる。

自分が「元気」であることを
伝える表現にならないよう、た
ずねる表情をつけましょう。

豆知識

「お変わりないですか?」は使わない

手話では、あいまいな表現を避けて、直接的な単語を使います。丁寧に「お変わりないですか」とたずねたい目上の人に対してでも、「元気?」を使います。返事をするときは、「元気」と快活に答えましょう。

元気

---

① 元気(がんばる)

両手の甲を上に向けて
にぎり、両ひじをはって
2回下げる。

② ですか

手のひらを自分側に
向けて立ててから、
指先を前に向ける。

「元気」の手話は、①の表現が一般的です。しかし、ろう者の中には両手を2回下げる代わりに、ひじを外側に2回動かす表現を使う人もいます。人によって表現がちがうのはなぜでしょうか。聞こえる人は国語の授業で標準語を学びますが、ろう者は「標準的な手話」を学ぶ機会がないため、人によって表現がちがうのです。

ちょっと体調が悪いです。

日本手話 | 語順 ▶ ちょっと＋体調が悪い＋私

1 ちょっと（少し）

親指と人さし指を伸ばして、「ちょっと」のすきまを表す。

2 体調が悪い

体

指をそろえて、胸に円を描く。

＋

両手のひらを上にして親指以外の指の背を向かい合わせ、中央に動かして指先をつける。

3 私

人さし指を伸ばして、自分をさす。

豆知識

「体調が悪い」だけに使う手話

②「体調が悪い」の2つめの手話は、それ単体での意味をもちません。「体調が悪い」を表現したいときだけに使う手話です。「反対」と書いてある本もありますが、「反対」の場合は中央に動かして指の背をぶつけるだけで、親指とそれ以外の指の間はあいたままになります。

対応手話 | 語順 ▶ ちょっと＋体＋調子＋悪い＋です

1 ちょっと

2 体

3 調子（雰囲気）

両手のひらを前に向け、交互に上下に動かす。

4 悪い

人さし指を立てて、鼻をかすめて倒す。

5 です（ある）

手のひらを下に向け、軽く下げる。

55

おいくつですか？

❶ 何歳？

あごの下で、手のひらを自分側に向け、
親指から順に指を折る。

豆知識

「何」と「いくつ」の使い分け

「おいくつですか？」を言い換えると「何歳ですか？」となります。「何」という疑問詞がついているので、手話でも「何」を使う人がいますが、それはまちがいです。「何」という言葉を使っていても、「何歳ですか？」「何時ですか？」など、"数量"をたずねる場合は「いくつ」の手話を使います。

豆知識

指の折り方のちがい

「何歳？」や「いくつ？」、「いつ？」（→41ページ）などは、指を順番に折って表現しますが、ろう者の中には、すべての指を同時に2回折って表現する人もいます。

何歳？

あごの下で、手のひらを自分側に向け、すべての指を同時に2回折る。

---

❶ 歳

あごの下で、手のひらを
自分側に向け、親指から
順に指を折る。

❷ いくつ

手のひらを上に向け、
親指から順に指を折る。

❸ ですか

手のひらを自分側に
向けて立ててから、
指先を前に向ける。

25歳です。

日本手話 語順 ▶ 歳 + 25 + 私

1 歳

あごの下で、手のひらを
自分側に向け、
親指から順に指を折る。

2 25 ⟳入れ替え

20

人さし指と中指を立てて
（数詞「2」）から、曲げる。

5

親指を横に伸ばす。

3 私

人さし指を伸ばして、
自分をさす。

⟳入れ替え **47**

40

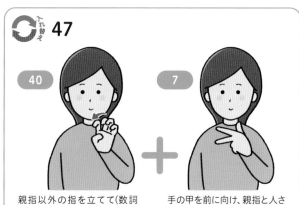

7

親指以外の指を立てて(数詞
「4」)から、曲げる。

手の甲を前に向け、親指と人さ
し指、中指を伸ばす。

対応手話 語順 ▶ 歳 + 25 + です

1 歳

2 25

20

➕

5

3 です（ある）

手のひらを下に向け、
軽く下げる。

どこに住んでいますか?

日本手話 語順 ▶ 住む + どこ?

① 住む (いる)

両手をにぎり、
わきをしめて軽く下げる。

② どこ?

場所　　　　　何?

手のひらを下に向けて　　人さし指を立てて、
指を曲げる。　　　　　　左右に振る。

豆知識

「出身地」の表現
「生まれる」+「場所」で
「出身地」を表すことが
できます。

● **出身地**

生まれる  場所

すべての指で丸をつくり(指文字
「お」)両手の甲を下に向け、斜め
下に動かしながら指を開く。

対応手話 語順 ▶ どこ + 住む + ですか

❶ どこ

場所　　　　　何

❷ 住む

❸ ですか

手のひらを自分側に
向けて立ててから、
指先を前に向ける。

東京です。

日本手話 　語順 ▶ 東京 ＋ 私

1 東京

両手の親指と人さし指を伸ばし
（指文字「れ」）、2回上げる。

2 私

人さし指を伸ばして、自分をさす。

 大阪

豊臣秀吉の
カブトを表す

人さし指と中指をそろえて曲げ、こめかみあたりか
ら2回前に出す。

 福岡

博多帯を表す

親指と人さし指を伸ばして（指文字「ふ」）、おな
かの前で左から右へ動かす。

対応手話 　語順 ▶ 東京 ＋ です

1 東京

2 です（ある）

手のひらを下に向け、
軽く下げる。

「大阪」の手話の語源が豊臣秀吉のカブトと知っ
て、驚いたのではないでしょうか？　手話の語
源には、日本史に由来するものがたくさんありま
す。ろう者の中には、手話を覚えるときに語源を
より所にすることを歓迎しない人もいますが、は
じめて手話を覚えるときに、語源は良いきっかけ
となります。

どうして遅れたの？

語順▶ 遅れる＋どうして＋あなた？

① 遅れる（ゆっくり）

両手の甲を前に向けて
親指と人さし指を伸ばし、
ゆっくり弧を描くように動かす。

② どうして

親指と小指を伸ばして（指文字「や」）、
親指を鼻の前に構え、
小指を下に向ける。

③ あなた？

人さし指を伸ばして、相手をさす。

> **豆知識**
>
> ## 「どうして」の口の形
>
> 「どうして」を表す②の手話は、日本手話独特の表現で、ろう者は「ポ」という口型（口の形）をつけます。なぜ「ポ」なのでしょう？　その理由は解明されていません。日本手話の口型には「パ・ピ・プ・ペ・ポ」がよく使われ、それぞれどういうときに使うか決まっています。

対応手話 語順▶ なぜ＋遅れる＋ですか

① なぜ

右手の人さし指を伸ばして、
横に構えた左手の下を
くぐらせてから、左右に2回振る。

② 遅れる

③ ですか

手のひらを自分側に
向けて立ててから、
指先を前に向ける。

①の疑問詞「なぜ」は、「理由」＋「何」がひとつになった表現です（「理由」は右手の人さし指を左手の下にくぐらせる。「何」は人さし指を立てて、左右に振る）。「なぜ」以外に、「どうして」や「なんで」も同じ表現です。対応手話には、日本手話の「ポ」のような独特な口型（口の形）はありません。

寝坊しちゃって。

日本手話　語順 ▶ 寝坊 + 後悔 + 私

① 寝坊

頭を傾けて、にぎった手にあてる。
頭をさらに傾けながら、手を斜め上にあげる。

② 後悔

> 後悔した
> 表情をする

そろえた手の小指側を、
肩にあてる。

③ 私

人さし指を伸ばして、自分をさす。

豆知識

後悔の程度の表し方

「ちょっと失敗しちゃった」というときも、強い自責の念を感じているときも、「後悔」の手の形は同じです。表情やうなだれた様子を出すことで、程度のちがいを表しましょう。

対応手話　語順 ▶ 寝坊 + でした

① 寝坊

② でした（終わる）

両手のひらを上に向け、
下げながら指を閉じる。

失敗や後悔を表す「〜してしまう」は、日本手話では「動詞」+「後悔」で表します。「寝坊しちゃった」以外にも、「壊しちゃった」「なくしちゃった」「忘れちゃった」など、いろいろな場面で使える便利な表現です。一方、対応手話には、失敗や後悔の「〜してしまう」という表現はありません。

あの人は誰ですか？

語順 ▶ あの（指さし）＋誰？

1 あの（指さし）

対象の
人物をさす

人さし指を伸ばして、対象者をさす。

2 誰？

指の背で、ほほをあごに向けて2回なでる。

豆知識

あの人を指さす

手話で「この」や「あの」などを伝えたい場合は、指さしをします。「あの映画見た？」のようにその場にさすものがないとき（「文脈指示」といいます）は、利き手の斜め上あたりをさします。人について伝えたい場合も、「私」（一人称）では自分を、「あなた」（二人称）では相手をさし、それ以外の三人称では基本的には斜め上をさします。

あなた

人さし指を伸ばして、
相手をさす。

手話で相手を指さすのは英語の「you」にあたるので、目上の人に対して指さしを使っても、失礼にはあたりません。

対応手話 語順 ▶ あの（指さし）＋人＋誰＋ですか

1 あの（指さし）

2 人

人さし指で「人」の
文字を空中に書く。

3 誰

指の背で、
ほほをあごに
向けて2回なでる。

4 ですか

手のひらを自分側に
向けて立ててから、
指先を前に向ける。

私の友達です。

日本手話 語順▶ 私＋友達＋（指さし）

① 私

人さし指を伸ばして、自分をさす。

② 友達（仲良し） ↻ 入れ替え

> 組むだけ、または組んでまわすという表現もあります。

両手のひらを合わせて胸元で組み、2回合わせる。

---

③ （指さし）

> 主語や主題を示すため、文末で対象者をさす

人さし指を伸ばして、対象者をさす。

↻ 入れ替え **姉**

手の甲を前に向けて小指を立て、上にあげる。

対応手話 語順▶ 私＋友達＋です

① 私

② 友達

③ です（ある）

手のひらを下に向け、軽く下げる。

> 対応手話では「です」を使いますが、日本手話では「です」は表しません。

63

何人家族ですか？

日本手話 　語順 ▶ 家族＋いくつ？

❶ 家族

両手で屋根をつくったあと、
左手はそのまま斜めに構え、
右手の親指と小指を立てて手首を振る。

❷ いくつ？

手のひらを上に向け、
親指から順に指を折る。

豆知識

家族ではない
「おばあさん」の表現

「母」や「祖母」などの家族を表す手話（→42ページ）は、人さし指で自分のほほを触ります。一方、身内ではない高齢の女性「おばあさん」を表すときは、ほほを触りません。

おばあさん

指先を曲げた
小指を立てる。

対応手話 　語順 ▶ いくつ＋人＋家族＋ですか

❶ いくつ

手のひらを上に向け、
親指から順に
指を折る。

❷ 人

人さし指で
「人」の文字を
空中に書く。

❸ 家族

❹ ですか

手のひらを自分側に
向けて立ててから、
指先を前に向ける。

両親と私の3人です。

第2章 日常の会話　家族の人数を聞く

日本手話　語順 ▶ 両親 + と（うなずき）+ 私 + 3人

① 両親

人さし指でほほを触ってから、
親指と小指を立てて手首を振る。

② と（うなずき）

助詞「と」を
表すうなずき

首を下におろして、うなずく。

③ 私

人さし指を伸ばして、自分をさす。

④ 3人

左手で、横向きに指を伸ばして
数詞「三」を表す。その下に、
右手の人さし指で「人」の文字を空中に書く。

対応手話　語順 ▶ 両親と + 私の + 3人 + です

① 両親と

右手の人さし指でほほを触ってから、
親指と小指を立てて手首を振る。
そのあと、左手の人さし指と中指を触る。

② 私の

右手の人さし指を立てて、
自分をさす。そのあと、
左手の薬指を触る。

③ 3人

④ です（ある）

手のひらを下に向け、
軽く下げる。

65

何かあった？

① 何？

人さし指を立てて、左右に振る。

日本語で誰かの様子がおかしくて心配するときは、相手と自分の関係によって表現が変わります。親しくない人や目上の人に対してなら「どうかなさいましたか？」と尋ねます。親しい友人や家族なら「どうした？」だけになります。ここは「何かあった？」なのでフォーマルな会話ではありません。そのため日本語の「どうした？」に相当する手話「何？」だけで通じます。心配している表情もつけましょう。

豆知識

「どうやって」の表し方
「方法」＋「何？」で「どうやって？（"How to〜？"）」という意味になります。

● **どうやって**

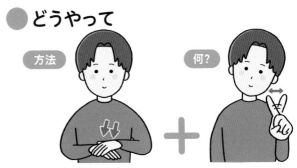

方法 ＋ 何？

左手の甲に、右手のひらを2回あてる。

対応手話 | 語順 ▶ 何＋ある＋ですか

① 何	② ある（です）	③ ですか
人さし指を立てて、左右に振る。	手のひらを下に向け、軽く下げる。	手のひらを自分側に向けて立ててから、指先を前に向ける。

「ある」は「です」と同じ表現ですが、「です」の意味で使うのは対応手話だけです。

怒ってるの！

日本手話	語順 ▶ 怒る＋私

① 怒る ↻入れ替え

怒りがわき
上がる様子

両手の指を軽く曲げて自分側に向け、
指先を返しながら、勢い良く上にあげる。

② 私

人さし指を伸ばして、自分をさす。

↻入れ替え ショック

両手の親指以外をそろえて自分の胸に向け、指先を
左胸につける。

↻入れ替え 幸せ

指をそろえて親指と人さし指の間をあけ、あごの下
に構えて、指を近づけたり離したりする。

対応手話	語順 ▶ 怒る＋いる

① 怒る

② いる（住む）

両手をにぎり、
わきをしめて軽く下げる。

> 対応手話で「怒る」を「ショック」や「幸せ」に入れ替えるときは、名詞文の丁寧形を表す「です」（→55ページ）を使います。

今、少し話しかけていいですか？

1 今 (現在、今日)

両手のひらを下に向け、
軽く下げる。

2 少し (ちょっと)

親指と人さし指を伸ばして、
「少し」のすきまを表す。

3 言う

口から言葉が
出る様子

人さし指を口元に立てて、前へ出す。

4 構わない？

小指をあごに2回あてる。

対応手話 語順 ▶ 今 + 少し + 言う + 構わない + ですか

1 今

2 少し

3 言う

4 構わない

小指をあごに
2回あてる。

5 ですか

手のひらを自分側に
向けて立ててから、
指先を前に向ける。

68

10分待ってください。

日本手話　語順 ▶ 10分 + 待つ + 頼む

1 10分

数字と「分」を
まとめて表すのは
ろう者に多い表現

手のひらを自分側に向けて、
人さし指を曲げてから、
手首をまわして前に向ける。

2 待つ

首を長くして
待つ様子

親指以外の指をつけ根から曲げて、
あごをのせる。

3 頼む（依頼）

手のひらを横に向けて
指を伸ばし、そのまま
前に倒して、頭を下げる。

豆知識

「10分」の表現

数字と「分」を別々に表現する方法もあります。

● **10分**

（10）
人さし指を立てて(数詞「1」)
から、曲げる。

＋

（分）
人さし指で「'」の記号を空
中に書く。

対応手話　語順 ▶ 10分 + 待つ + 頼む

1 10分

（10）
＋

（分）

2 待つ

3 頼む

この本借りてもいいですか？

① 本

両手のひらを合わせてから、左右に開く。

② この（指さし）

日本手話では「本
（名詞）」+「この
（指示語）」の順に
表します。

人さし指を伸ばして、本をさす。

③ 借りる

手のひらを上にして、
親指以外の指をそろえて前に向け、
指先をつけながら自分側に引き寄せる。

④ 構わない？

小指をあごに2回あてる。

対応手話 語順 ▶ この（指さし）+ 本 + 借りる + 構わない + ですか

① この（指さし） ② 本	③ 借りる	④ 構わない	⑤ ですか

④ 小指をあごに
2回あてる。

⑤ 手のひらを自分側に
向けて立ててから、
指先を前に向ける。

もちろん！おもしろいですよ！

日本手話 語順 ▶ もちろん＋おもしろい＋（指さし）

① もちろん

「普通」を
2回くり返す

両手の親指と人さし指を曲げてコの字にし、
指先を前に向けて並べ、
左右に2回離す。

② おもしろい ↻入れ替え

両手をにぎり、
小指側でおなかを交互にたたく。

③ （指さし）

主語や主題を
示す指さし

人さし指を伸ばして、本をさす。

↻入れ替え **感動する**（感激、感情）

両手のすべての指で丸をつくり（指文字
「お」）、手首をひねりながら上にあげる。

対応手話 語順 ▶ もちろん＋おもしろい＋です

① もちろん

② おもしろい

③ です（ある）

手のひらを下に向け、
軽く下げる。

手話には終助詞「よ」がな
いので、「ですよ」と「です」
は同じになります。

引っ越しを手伝ってくれる？

日本手話 語順 ▶ 引っ越し＋手伝われる＋できる＋あなた？

① 引っ越し

「家」を動かす
イメージ

両手で屋根をつくり、その形のまま
弧を描いて右へ移動させる。

② 手伝われる

「手伝う」の
受動態

左手の親指を立て、
右手で自分側に向けて2回軽くたたく。

③ できる（大丈夫）

指をそろえて少し曲げ、
肩の下あたりの
遠い方から近い方へあてて動かす。

④ あなた？

人さし指を伸ばして、相手をさす。

対応手話 語順 ▶ 引っ越し＋手伝われる＋もらう＋できる＋ですか

① 引っ越し **② 手伝われる** **③ もらう** **④ できる** **⑤ ですか**

両手のひらを上に向けて、
斜め上から自分の体に
近づける。

手のひらを自分側に
向けて立ててから、
指先を前に向ける。

ムリ。明日デートなの。

日本手話　語順 ▶ ムリ＋明日＋デート＋私

1 ムリ

ム　指文字の「む」

リ　指文字の「り」

手の甲を前に向け、
親指と人さし指を伸ばす
（指文字「む」）。

人さしと中指を立てて、
指先を斜め下へはらう
（指文字「り」）。

2 明日

手のひらを前に向けて
人さし指を立て、
顔の横から前へ出す。

3 デート

親指と小指を立てて、
上下にゆらしながら前へ出す。

4 私

人さし指を伸ばして、
自分をさす。

対応手話　語順 ▶ ムリ＋明日＋デート

1 ムリ

ム

リ

2 明日

3 デート

お誕生日おめでとう！

① 誕生（生まれる）

おなかから
赤ちゃんが
生まれる
イメージ

すべての指で丸をつくり
（指文字「お」）両手の甲を下に向け、
斜め下に動かしながら指を開く。

② おめでとう（祝う）

クラッカーが
パンと開く
イメージ

すべての指で丸をつくり（指文字「お」）
両手の甲を下に向け、
上にあげながら指を開く。

結婚

右手の親指と、左手の小指を立てて、左右から中央
に移動して並べる。

合格（当選）

合格ラインを
越える
イメージ

左手のひらを下に向けて構え、右手の指先を上に
向けてそろえて、左手を越えるように上げる。

① 誕生

② 日

右手の人さし指と中指、
薬指を横に伸ばし、左手の人さし指を
立ててくっつけて「日」の形をつくる。

③ おめでとう

ありがとう！祝ってもらえてうれしいです！

日本手話 語順 ▶ ありがとう ＋ 祝う ＋ もらう ＋ うれしい ＋ 私

1 ありがとう (感謝)

左手のひらを下にして横に向ける。
右手の指先を前に向け、
左手首にあててから上にあげ、頭を下げる。

2 祝う (おめでとう)

すべての指で丸をつくり (指文字「お」)
両手の甲を下に向け、
上にあげながら指を開く。

3 もらう

両手のひらを上に向けて、
斜め上から
自分の体に近づける。

4 うれしい (楽しい)

両手の指を開き、
手のひらを自分側に向けて、
胸の前で交互に上下させる。

5 私

人さし指を伸ばして、
自分をさす。

対応手話 語順 ▶ ありがとう ＋ 祝う ＋ もらう ＋ うれしい ＋ です

1 ありがとう
2 祝う
3 もらう
4 うれしい
5 です (ある)

手のひらを下に向け、
軽く下げる。

右利き、左利きの「午前」と「午後」

　聴覚障がい者や手話通訳士にも、左利きの人がいます。混乱しやすい「午前」と「午後」はどのように表し、読み取れば良いでしょうか？

　「午前」も「午後」も片手の人さし指と中指を時計の針に見立てて顔の前に構え、指を倒して表します。そのとき、指を倒す方向は右か左かではなく、<u>手の甲側か手のひら側か</u>で考えてください。右利きでも左利きでも、<u>手の甲側に倒すと</u>「午前」、<u>手のひら側に倒</u><u>すと「午後」</u>です。このページでは、左利きの人も「鏡写し」に手を動かしてください。

午前

人さし指と中指を立て、右利きでも左利きでも手の甲側に倒す。

左利きの午前　　　　　　　　　　　　右利きの午前

（※左利きのイラストも「鏡写し」です）

午後

人さし指と中指を立て、右利きでも左利きでも手のひら側に倒す。

左利きの午後　　　　　　　　　　　　右利きの午後

（※左利きのイラストも「鏡写し」です）

第 3 章

趣味の会話

日常会話に慣れてきたら、
趣味について話す会話を練習しましょう。
映画や本など、自分の好きなものを
手話で表現してみてください。

趣味は何ですか?

1 趣味

手のひらを前に向けて人さし指を
ほほに近づけ、指を順番に折る。

2 何?

人さし指を立てて、左右に振る。

豆知識

「趣味」の表現

「趣味」の表現の由来は、よだれを拭うしぐさです。よだれが垂れるほど好きなことから、この表現になりました。指を折るときに、ほほに沿って手を下げる人と、下げない人がいます。どちらを使ってもOKです。

趣味

手を下げる「趣味」

手を下げながら指を折る。

対応手話 | 語順 ▶ 趣味 + 何 + ですか

1 趣味

2 何

人さし指を立てて、
左右に振る。

3 ですか

手のひらを自分側に
向けて立ててから、
指先を前に向ける。

日本語を母語とする日本人にとっては当たり前すぎて気づかないことですが、日本語はとても表現が豊かです。特に相手と自分との関係によって、さまざまな表現を使い分けます。趣味を聞くときも相手が親しくない人や目上の場合には「ご趣味は?」となります。手話では名詞に「ご」をつけて尊敬表現にするということはしません。

読書です。

 日本手話　語順 ▶ 読書 ＋ 私

❶ 読書

本

両手のひらを合わせてから、
左右に開く。

読む

「本」を表した左手を残したまま、
右手の人さし指と中指を伸ばし
上下に2回動かす。

❷ 私

人さし指を伸ばして、自分をさす。

🔄 **料理**

右手の指先を前に向けて伸ばし、包丁で切るよ
うに動かす。左手は食材を押さえる様子。

対応手話　語順 ▶ 読書 ＋ です

❶ 読書

本　**読む**

❷ です（ある）

手のひらを下に向け、
軽く下げる。

「読む」という表現は、何を読むかに
よって異なります。新聞なら、新聞を
広げて両手に持つ様子をしてから、左
手だけで新聞を持ち、右手は「読む」
と同様に人さし指と中指を上下に振
ります。英語などの洋書を読むとき
は、右手の人さし指と中指を上下では
なく「左右」に動かすことで横文字
を読んでいることを表します。

最近、料理にハマってるの。

日本手話	語順 ▶ 最近 + 料理 + マニア + 私

❶ 最近

今 — 両手のひらを下に向け、軽く下げる。

くらい — 指先を前に向けて伸ばし、左右に軽く振る。

❷ 料理

右手の指先を前に向けて伸ばし、包丁で切るように動かす。左手は食材を押さえる様子。

❸ マニア

両手のひらを前に向けて指を曲げ、左右にゆらしながら手を下げる。

❹ 私

人さし指を伸ばして、自分をさす。

対応手話	語順 ▶ 最近 + 料理 + 集中

❶ 最近

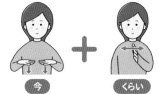

今 ＋ くらい

❷ 料理

❸ 集中

両手の親指とそれ以外の指で半円にして顔の左右に構える。中央に向けて下ろしながら、両手をにぎり上下に重ねる。

へえー。得意料理は何？

日本手話 語順 ▶ へえ ＋ 得意 ＋ 料理 ＋ 何？

1 へえ

指をそろえた手のひらを顔に向けたあと、
指先を下に向けながら、胸の方へ下げる。

2 得意

親指と小指を伸ばして(指文字「や」)、
親指を鼻の前、小指を上に向けて構え、
斜め上に出す。

3 料理

右手の指先を前に向けて伸ばし、
包丁で切るように動かす。
左手は食材を押さえる様子。

4 何？

人さし指を立てて、左右に振る。

対応手話 語順 ▶ へえ ＋ 得意 ＋ 料理 ＋ 何 ＋ ですか

1 へえ

2 得意

3 料理

4 何

人さし指を立てて、
左右に振る。

5 ですか

手のひらを自分側に
向けて立ててから、
指先を前に向ける。

この映画、もう見た？

日本手話 | 語順 ▶ 映画＋この（指さし）＋見た＋あなた

1 映画

両手のひらを自分側に向けて
指先を向かい合わせ、
顔の前で交互に上下させる。

2 この（指さし）

日本手話では
「映画（名詞）」＋
「この（指示語）」
の語順です。

人さし指を伸ばして、映画をさす。

3 見た

「見る」＋「ました」
がひとつになった
表現

親指と人さし指で目の前に丸をつくってから、
手を下に倒し、指を開く。

4 あなた？

人さし指を伸ばして、相手をさす。

対応手話 | 語順 ▶ この（指さし）＋映画＋見る＋ました＋ですか

1 この（指さし）

2 映画

3 見る

親指と人さし指で
つくった丸を、
目から前に出す。

4 ました（終わる）

両手のひらを
上に向けて、
下げながら指を閉じる。

5 ですか

手のひらを自分側に
向けて立ててから、
指先を前に向ける。

まだ！でもおもしろそうだね。

日本手話 語順 ▶ まだ＋でも＋おもしろい＋感じ＋この（指さし）

① まだ

左手の指先を前に向けて伸ばす。右手の甲を前に向け、親指以外の指を横に伸ばして（指文字「く」）上下に2回振る。

② でも

指を立てた手のひらを前に向けてから、手首を返して自分側に向ける。

③ おもしろい

両手をにぎり、小指側でおなかを交互にたたく。

④ 感じ

人さし指を伸ばして、こめかみにあてる。このとき、頭を少し後ろに引く。

⑤ この（指さし）

主題（映画）を示す指さし

人さし指を伸ばして、映画をさす。

 怖い

親指側を上にして両手をにぎり、脇をしめて小刻みに震わせる。

対応手話 語順 ▶ まだ＋でも＋おもしろい＋らしい＋ですね

① まだ

② でも

③ おもしろい

④ らしい

人さし指と中指を立てて「⚡」を空中に描く。

⑤ ですね（同じ）

片手は相手の位置、もう一方は自分の近くで、両手のひらを上に向け、親指と人さし指を伸ばしてから2回閉じる。

83

この本、おすすめだよ。

日本手話 語順▶ 本＋この（指さし）＋すすめる

① 本

両手のひらを合わせてから、
左右に開く。

② この（指さし）

日本手話では「本
（名詞）」＋「この
（指示語）」の語順
です。

人さし指を伸ばして、本をさす。

③ すすめる

左手の親指を相手に向けて立てて、
右手の指先で2回押し上げる。

🔄 漫画

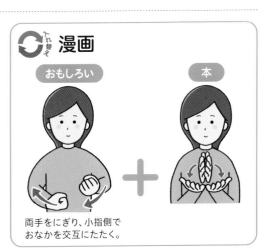

おもしろい　　＋　　本

両手をにぎり、小指側で
おなかを交互にたたく。

対応手話 語順▶ この（指さし）＋本＋すすめる

① この（指さし）　② 本　③ すすめる

対応手話は日本語と同
じ語順で「この」＋「本」
と表します。

本当？ 読んでみようかな。

日本手話 語順 ▶ 本当？＋読む＋試す？

① 本当？

指をそろえて立て、
人さし指側をあごに2回あてる。

② 読む

「本」を表す左手の上で、
右手の人さし指と中指を伸ばし
上下に2回動かす。

③ 試す？

人さし指を立てて、
目元に2回あてる。

豆知識

「〜みようかな」の表現

「読んでみようかな」は
「読んでみる」ことをはっ
きり決めていないので、
首をかしげています。通
常の「試す」は、首をか
しげません。

試す

人さし指を立てて、
目元に2回あてる。

対応手話 語順 ▶ 本当＋ですか＋読む＋試す＋かな

❶ 本当

指をそろえて立てて、
人さし指側を
あごに2回あてる。

❷ ですか

手のひらを自分側に
向けて立ててから、
指先を前に向ける。

❸ 読む

❹ 試す

❺ かな

人さし指と中指を
伸ばして「？」を
空中に描く。

85

今度、一緒にゲームしない?

1 今度（未来、あと、〈位置的な〉前）

手のひらを前に向けて指をそろえ、
顔の横から前へ動かす。

2 ゲーム

コントローラー
のボタンを押す
様子

両手の親指を立ててから、
2回曲げる。

3 一緒

両手の人さし指を前に伸ばし、
左右から寄せて中央で並べる。

4 どう?

サイコロを
振るイメージ

手のひらを上に向けて、
左右に軽く振る。

対応手話　語順 ▶ 今度 + 一緒 + ゲーム + する + ですか

1 今度

2 一緒

3 ゲーム

4 する

両手の甲を
上に向けてにぎり、
前に出す。

5 ですか

手のひらを自分側に
向けて立ててから、
指先を前に向ける。

良いね！おすすめのゲームがあるんだ。

日本手話　語順▶　良いね＋すすめる＋ゲーム＋ある

1 良いね

「良い」を
2回くり返す

手を鼻の前でにぎり、
2回前に出す。

2 すすめる

左手の親指を相手に向けて立てて、
右手の指先で2回押し上げる。

3 ゲーム

両手の親指を立ててから、
2回曲げる。

4 ある（です）

手のひらを下に向け、軽く下げる。

対応手話　語順▶　良い＋ですね＋すすめる＋ゲーム＋ある

1 良い

手を鼻の前でにぎり、
前に出す。

2 ですね（同じ）

片手は相手の位置、もう一方は自分の近くで、両手のひらを上に向け、親指と人さし指を伸ばしてから2回閉じる。

3 すすめる

4 ゲーム

5 ある

昨日のドラマ見た？

1 昨日

手の甲を前に向けて人さし指を立て、
顔の横から肩ごしに後ろへ動かす。

2 ドラマ

両手をにぎり、右手の甲と左手のひらを
前に向けてから両手首を同時にひねる。

3 見た

親指と人さし指で目の前に丸をつくってから、
手を下に倒し、指を開く。

4 あなた？

人さし指を伸ばして、相手をさす。

対応手話　語順 ▶ 昨日 ＋ ドラマ ＋ 見る ＋ ました ＋ ですか

1 昨日	2 ドラマ	3 見る	4 ました (終わる)	5 ですか
		親指と人さし指で つくった丸を、 目から前に出す。	両手のひらを 上に向けて、 下げながら指を閉じる。	手のひらを自分側に 向けて立ててから、 指先を前に向ける。

見た！ 感動したよね。

日本手話 　語順 ▶ 見た ＋ 感動する ＋ 私

1 見た

親指と人さし指で目の前に丸をつくってから、
手を下に倒し、指を開く。

2 感動する（感激、感情）

両手のすべての指で丸をつくり
（指文字「お」）、
手首をひねりながら上にあげる。

3 私

人さし指を伸ばして、自分をさす。

ドキドキする（緊張する）

両手の甲を前に向け、親指以外の指を横に伸
ばして(指文字「く」)前後に構え、内側の手の
甲を外側の手のひらに2回あてる。

対応手話 　語順 ▶ 見る ＋ ました ＋ 感動する ＋ ですよね

1 見る

親指と人さし指で
つくった丸を、
目から前に出す。

2 ました（終わる）

両手のひらを上に向けて、
下げながら指を閉じる。

3 感動する

4 ですよね（同じ）

片手は相手の位
置、もう一方は自
分の近くで、両手
のひらを上に向
け、親指と人さし
指を伸ばしてから
2回閉じる。

89

どんなドラマが好きですか？

① 好き（したい）

親指と人さし指を伸ばしてあごの下に構え、
斜め下にさげながら指を閉じる。

② ドラマ

両手をにぎり、右手の甲と左手のひらを
前に向けてから両手首を同時にひねる。

③ 何？

手話には「どんな?」
という表現がない
ので「何?」で代用
しています。

人さし指を立てて、
左右に振る。

> **豆知識**
>
> ### 手話と日本語の語彙の数
>
> 手話と日本語の語彙数は、それぞれいく
> つくらいだと思いますか？　正確に数え
> ることは難しいのですが、手話の場合は
> 約8,000語と言われています。日本語
> は、広辞苑第7版に約25万語収録され
> ています。その差、約30倍。手話の方が
> かなり少ないのです。特に副詞や接続
> 詞を表す言葉がとても少ないので、手話
> 通訳で意味を変えずに正しい文章にす
> るのにとても苦労します。

① 何	② ドラマ	③ 好き	④ ですか
人さし指を立てて、 左右に振る。			手のひらを自分側に 向けて立ててから、 指先を前に向ける。

刑事ものです。

日本手話　語順 ▶ 刑事

❶ 刑事 🔄 入れ替え

刑

「刑」の字の左の部分を表している

左手のひらを自分側に向けて人さし指と中指を横に伸ばし、右手の人さし指と中指を縦にあててから下ろす。

➕

事

形式名詞の「もの」は表現しません。

手の甲を前に向け、親指と人さし指、中指を伸ばしてから、手を右へ動かす（指文字「じ」）。

🔄 入れ替え **恋愛**

胸の前で両手でハートをつくる。

🔄 入れ替え **歴史**

両手の親指と小指を立てて、左肩あたりでかまえ、右手だけをゆらしながら下にさげる。

対応手話　語順 ▶ 刑事 ＋ ドラマ ＋ です

❶ 刑事

刑

➕

事

❷ ドラマ

両手をにぎり、右手の甲と左手のひらを前に向けてから両手首を同時にひねる。

❸ です（ある）

手のひらを下に向け、軽く下げる。

サッカーが好きなんだ。

1 サッカー

ボールをける様子

左手で輪をつくり、
右手の人さし指と中指を伸ばして
左手の輪をはじく。

2 好き（したい）

親指と人さし指を伸ばしてあごの下に構え、
斜め下にさげながら指を閉じる。

3 私

人さし指を伸ばして、自分をさす。

野球

バッティングの様子

左手の親指と人さし指でつくった輪を、右手の
人さし指で打って左斜め上に飛ばす。

1 サッカー

2 好き

3 です（ある）

手のひらを下に向け、
軽く下げる。

昨日の試合は見た？

日本手話 語順 ▶ 昨日 + 試合 + 見た + あなた？

1 昨日

手の甲を前に向けて人さし指を立て、
顔の横から肩ごしに後ろへ動かす。

2 試合

親指を立てて両手をにぎり、
左右から近づけて1回ぶつける。

3 見た

親指と人さし指で目の前に丸をつくってから、
手を下に倒し、指を開く。

4 あなた？

人さし指を伸ばして、相手をさす。

対応手話 語順 ▶ 昨日 + 試合 + 見る + ました + ですか

1 昨日	2 試合	3 見る	4 ました（終わる）	5 ですか
		親指と人さし指で つくった丸を、 目から前に出す。	両手のひらを上に向けて、 下げながら指を閉じる。	手のひらを自分側に 向けて立ててから、 指先を前に向ける。

第3章 趣味の会話

好きなスポーツについて話す①

93

どんなスポーツが好きですか？

日本手話 語順 ▶ 好き＋スポーツ＋何？

① 好き（したい）

親指と人さし指を伸ばしてあごの下に構え、
斜め下にさげながら指を閉じる。

② スポーツ

両手の指を開いて、
体の横で交互にまわす。

③ 何？

人さし指を立てて、左右に振る。

豆知識

聴覚障がい者のオリンピック

実は、パラリンピックには聴覚障がい者は出場していません。聴覚障がい者は、デフリンピックという聴覚障がい者のためだけの大会が4年に1回開催されています。（2025年、東京開催）

対応手話 語順 ▶ 何＋スポーツ＋好き＋ですか

① 何

人さし指を立てて、
左右に振る。

② スポーツ

③ 好き

④ ですか

手のひらを自分側に
向けて立ててから、
指先を前に向ける。

手話には「どんな」という表現がないので、「何」で代用しています。

テニスが好きです。

日本手話　語順▶ テニス＋好き＋私

1 テニス 🔄 入れ替え

> フォアとバックで
> ボールを打つ様子

ラケットを持つように手をにぎり、
右から左、左から右に振る。

2 好き（したい）

親指と人さし指を伸ばしてあごの下に構え、
斜め下にさげながら指を閉じる。

3 私

人さし指を伸ばして、自分をさす。

🔄 入れ替え ジョギング

> 走る様子

両手をにぎり、体の横で上下に振る。

対応手話　語順▶ テニス＋好き＋です

1 テニス

2 好き

3 です（ある）

手のひらを下に向け、
軽く下げる。

昨日、コンサートに行きました。

| 日本手話 | 語順 ▶ 昨日 ＋ 音楽 ＋ 行った ＋ 私 |

① 昨日

手の甲を前に向けて人さし指を立て、
顔の横から肩ごしに後ろへ動かす。

② 音楽

指揮棒を振る
様子

両手の人さし指を立てて、
同時に外側から内側、内側から外側に振る。

③ 行った

「行く」＋「ました」
がひとつになった
表現

下に向けた人さし指を前に出してから、
すべての指をそろえて下に倒す。

④ 私

人さし指を伸ばして、自分をさす。

| 対応手話 | 語順 ▶ 昨日 ＋ 音楽 ＋ 行く ＋ ました |

① 昨日

② 音楽

③ 行く

下に向けた
人さし指を前に出す。

④ ました（終わる）

両手のひらを
上に向けて、
下げながら指を閉じる。

対応手話の「まし
た」は常に「終わ
る」で表現します。

良いですね！どうでした？

日本手話　語順 ▶ 良いね＋どう？

① 良いね

「良い」を
2回くり返す

手を鼻の前でにぎり、2回前に出す。

② どう？

サイコロを
振るイメージ

手のひらを上に向けて、
左右に軽く振る。

豆知識

名詞・形容詞の丁寧形「〜です」

「学生です」「おいしいです」など、名詞や形容詞を丁寧に伝えたいとき、日本語では「です」を使います。対応手話でも「です」を使いますが、日本手話では「です」を表しません。

動詞の丁寧形「〜ます」

「行きます」など、動詞を丁寧に表現するには、日本語では「ます」を使います。手話では、日本手話にも対応手話にも「ます」に相当する表現はありません。

です

手のひらを下に向け、軽く下げる。

対応手話　語順 ▶ 良い＋ですね＋何＋ですか

① 良い

手を鼻の前でにぎり、
前に出す。

② ですね(同じ)

片手は相手の位置、もう一方は自分の近くで、両手のひらを上に向け、親指と人さし指を伸ばしてから2回閉じる。

③ 何

人さし指を立てて、
左右に振る。

④ ですか

手のひらを自分側に向けて立ててから、指先を前に向ける。

好きな俳優はいる？

① 好き（したい）

親指と人さし指を伸ばしてあごの下に構え、
斜め下にさげながら指を閉じる。

② 俳優

両手の親指と小指を立て、
右手の甲と左手のひらを前にむけてから
両手首を同時にひねる。

③ いる（住む）

両手をにぎり、
わきをしめて軽く下げる。

④ あなた？

人さし指を伸ばして、相手をさす。

対応手話 | 語順 ▶ 好き＋俳優＋いる＋ですか

① 好き

② 俳優

③ いる

④ ですか

手のひらを自分側に
向けて立ててから、
指先を前に向ける。

いるよ。とってもかっこいいんだ。

日本手話 語順 ▶ いる＋かっこいい＋とても

1 いる（住む）

両手をにぎり、
わきをしめて軽く下げる。

2 かっこいい

指を曲げた手のひらを前に向けてから、
勢い良く自分側に向ける。

3 とても

右手の親指と人さし指を伸ばし、
弧を描くように右へ動かす。

かわいい（愛）

手のひらを下に向けた左手の上で、右手のひら
を下に向け、左手の甲をなでるようにまわす。

対応手話 語順 ▶ いる＋とても＋かっこいい

1 いる

2 とても

3 かっこいい

程度を表す副詞「とても」の位置
は日本手話と対応手話では異な
ります。日本手話は「形容詞＋副
詞」の語順なので「かっこいい＋
とても」ですが、対応手話は日本
語と同じ語順なので「副詞＋形容
詞」で「とても＋かっこいい」に
なります。

99

おすすめのDVDはある？

日本手話 語順▶ すすめられる + DVD + ある + あなた？

① すすめられる

「すすめる」
（→84ページ）
の逆の動き

左手の親指を自分側に向けて立てて、
右手の指先で2回押し上げる。

② DVD

指文字の
「D」と「V」で
円を描いている

左手の人さし指と中指をV字にして、
右手の親指と人さし指でつくった
半円をつけ、体の前でまわす。

③ ある（です）

手のひらを下に向け、軽く下げる。

④ あなた？

人さし指を伸ばして、
相手をさす。

対応手話 語順▶ すすめられる + DVD + ある + ですか

❶ すすめられる

❷ DVD

❸ ある

❹ ですか

手のひらを自分側に
向けて立ててから、
指先を前に向ける。

あるよ。今度貸すね。

日本手話	語順 ▶	ある ＋ 今度 ＋ 貸す ＋ 構わない

① ある（です）

手のひらを下に向け、軽く下げる。

② 今度（未来、あと、〈位置的な〉前）

手のひらを前に向けて指をそろえ、
顔の横から前へ動かす。

③ 貸す

手のひらを上に向けて指を自分側にのばし、
前に出しながら指を閉じる。

④ 構わない

小指をあごに２回あてる。

対応手話	語順 ▶	ある ＋ 今度 ＋ 貸す

① ある

② 今度

③ 貸す

指先を前に向けて、手を自分
側に引くと、「借りる」の表現
になります。（→70ページ）

あの映画知ってますか？

日本手話	語順 ▶ 映画 + あの（指さし）+ 知る + あなた？

① 映画

両手のひらを自分側に向けて
指先を向かい合わせ、
顔の前で交互に上下させる。

② あの（指さし）

日本手話では
「映画（名詞）」+
「あの（指示語）」
の語順です。

人さし指を伸ばして、映画をさす。

③ 知る（わかりました）

手の甲を前に向け、
親指以外の指を横に伸ばし（指文字「く」）、
胸にあててからおなかの方へ下ろす。

④ あなた？

人さし指を伸ばして、
相手をさす。

対応手話	語順 ▶ あの（指さし）+ 映画 + 知る + ですか

① あの（指さし）　**② 映画**　**③ 知る**　**④ ですか**

手のひらを自分側に
向けて立ててから、
指先を前に向ける。

知りません。はじめて見ました。

日本手話 語順 ▶ 知らない＋はじめて＋見た＋私

① 知らない（わからない）

指をそろえて、肩のあたりで2回かき上げる。

② はじめて

両手のひらを下に向け、
指先を内側に向けて重ね、上の手を、
人さし指だけ横に伸ばしたまま上げる。

③ 見た

親指と人さし指で目の前に丸をつくってから、
手を下に倒し、指を開く。

④ 私

人さし指を伸ばして、自分をさす。

対応手話 語順 ▶ 知らない＋はじめて＋見る＋ました

① 知らない

② はじめて

③ 見る

親指と人さし指でつくった
丸を、目から前に出す。

④ ました（終わる）

両手のひらを上に向けて、
下げながら指を閉じる。

今度のグッズ、もう見た？

日本手話 語順 ▶ 今度 ＋ 品 ＋ 見た ＋ あなた？

1 今度（未来、あと、〈位置的な〉前）

手のひらを前に向けて指をそろえ、
顔の横から前へ動かす。

2 品

「品」という
漢字の形を表す

親指と人さし指でつくった丸を
上、左下、右下の順に置く。

3 見た

親指と人さし指で目の前に丸をつくってから、
手を下に倒し、指を開く。

4 あなた？

人さし指を伸ばして、相手をさす。

対応手話 語順 ▶ 今度 ＋ 品 ＋ 見る ＋ ました ＋ ですか

1 今度

2 品

3 見る

親指と人さし指で
つくった丸を、
目から前に出す。

4 ました（終わる）

両手のひらを上に向けて、
下げながら指を閉じる。

5 ですか

手のひらを自分側に
向けて立ててから、
指先を前に向ける。

見た！ 絶対に欲しいな！

① 見た

親指と人さし指で目の前に丸をつくってから、
手を下に倒し、指を開く。

② 私

人さし指を伸ばして、自分をさす。

③ 絶対

両手の親指以外の指を胸の前で組む。

④ ちょうだい

両手のひらを上に向けて上下に構え、
上の手の甲を下の手のひらに2回あてる。

対応手話　語順 ▶ 見る＋ました＋絶対＋欲しい

① 見る

親指と人さし指で
つくった丸を、
目から前に出す。

② ました（終わる）

両手のひらを上に向けて、
下げながら指を閉じる。

③ 絶対

④ 欲しい（好き、したい）

親指と人さし指を伸ばして
あごの下に構え、斜め下に
さげながら指を閉じる。

第3章　趣味の会話

限定グッズの感想を言う

105

指輪を集めるのが好きなんです。

日本手話 | 語順 ▶ 指輪＋集める＋好き＋私

1 指輪

右手の親指と人さし指で、
左手の薬指に指輪をはめるしぐさをする。

2 集める（募集する）

両手の指先を斜め下に向け、
自分側に2回動かす。

3 好き（したい）

親指と人さし指を伸ばしてあごの下に構え、
斜め下にさげながら指を閉じる。

4 私

人さし指を伸ばして、自分をさす。

対応手話 | 語順 ▶ 指輪＋集める＋好き＋です

1 指輪

2 集める

3 好き

4 です（ある）

手のひらを下に向け、
軽く下げる。

今、どれくらいあるんですか？

日本手話 語順 ▶ 今 + 数 + いくつ

1 今（現在、今日）

両手のひらを下に向け、軽く下げる。

2 数（算数、数学）

両手の甲を前に向け、人さし指と中指、
薬指を立てて（指文字「ゆ」）、
薬指を2回あてる。

3 いくつ？

手のひらを上に向け、
親指から順に指を折る。

豆知識

「いくつ？」には2つの表現があります。
①親指から順に指を折る
②すべての指を同時に2回折る

すべての指を同時に2回折る「いくつ？」

対応手話 語順 ▶ 今 + いくつ + くらい + ある + ですか

1 今

2 いくつ

手のひらを上に向け、
親指から順に
指を折る。

3 くらい

指先を前に向けて
伸ばし、左右に
軽く振る。

4 ある（です）

手のひらを下に向け、
軽く下げる。

5 ですか

手のひらを自分側に
向けて立ててから、
指先を前に向ける。

名前の表し方

　人の名前を表すとき、手話の単語があるものはできるだけ手話単語を使って表してください。たとえば「山川」さんなら、「山」と「川」の手話単語で表します。聴者の中には「指文字で表せば、なんでも通じる」と思っている人もいるかもしれませんが、それは大きな誤解です。聴者は漢字を見たときに「やま」「かわ」などの読み方で認識しますが、ろう者の場合は読み方ではなく漢字の形で認識しているそうです。生まれてから一度も音を聞いたことのないろう者には、漢字の読み方を把握するのは大変なのです。

　また、「苗字は手話単語で、下の名前は指文字で表す」と思っている人もいますが、それもまちがいです。「愛さん」「未来さん」などは手話の単語があるので、「愛」（→99ページ）や「未来」（→48ページ）などの手話単語を使って表します。

苗字に多く使われる単語

山の形を表す

山

指先を前に伸ばし、弧を描く。

川

人さし指と中指、薬指を立ててから下に向けて倒す。

木の幹を表す

木（木曜日）

両手の親指と人さし指で「 C 」の形をつくり胸の前で向かい合わせ、手首を返しながら上に向ける。

たいこ橋を表す

橋

両手の人さし指と中指を前に伸ばし、弧を描きながら自分側に引く。

第4章

お出かけの
会話

お出かけするときに使う会話を
練習しましょう。
時間や場所の単語を入れ替えれば、
会話の幅も広がります。

週末の予定はありますか？

① 土曜日（土、砂、粉）

指先をこすり合わせる。

② 日曜日

赤

人さし指を横に伸ばして
唇をなぞる。

休み

両手のひらを下に向け、
左右から中央に動かして
並べる。

③ 予定

左手のひらを下に向けて横に
伸ばし、右手の指先を下に
向けて、線を引くように動かす。

④ ある（です）

手のひらを下に向け、
軽く下げる。

⑤ あなた？

人さし指を伸ばして、
相手をさす。

① 週

手の甲を前に向けて、親指
と人さし指、中指を伸ばし、
左胸から右胸へ動かす。

② 最後（まで）

左手の指先を前に向けて
伸ばす。右手の指先を左に向けて
動かして、左手のひらにあてる。

③ 予定

④ ある

⑤ ですか

手のひらを自分側に
向けて立ててから、
指先を前に向ける。

ありません。空いています。

日本手話 語順 ▶ ない + からっぽ + 私

1 ない

両手のひらを前に向けてから、
手首をひねって手のひらを自分側に向ける。

2 からっぽ

左手のひらを下に向けて横に伸ばし、
その下で右手の指先を前に伸ばして
左右に振る。

3 私

人さし指を伸ばして、自分をさす。

> **豆知識**
>
> 日本手話では、「週末」のようなあいまい
> な表現はあまり使いません。「土曜日」や
> 「日曜日」など、具体的な曜日を表現す
> ることで、誤解や認識のずれを防ぐこと
> ができます。

対応手話 語順 ▶ ない + からっぽ + です

1 ない

2 からっぽ

3 です（ある）

手のひらを下に向け、
軽く下げる。

> 「からっぽ」は何もない様子
> を表します。「人が誰もいな
> い（がらがら）」を表すときに
> も使います。

111

10時に待ち合わせしましょう。

日本手話 語順 ▶ 時間 + 10 + 会う？

① 時間

腕時計を
表す

右手の人さし指を、
左手首の腕時計の位置にあてる。

② 10 🔄 入れ替え

人さし指を立てて（数詞「1」）から、
曲げる。

③ 会う？

両手の人さし指を、
前後で向かい合わせてから
近づける。

🔄 入れ替え **12**

10

2

人さし指と中指を立てる。

対応手話 語順 ▶ 時間 + 10 + 会う + 約束 + する

① 時間	② 10	③ 会う	④ 約束	⑤ する
		両手の人さし指を、前後で向かい合わせてから近づける。	両手の小指を上下に絡ませる。	両手の甲を上に向けてにぎり、前に出す。

了解です。駅前でいいですか？

日本手話　語順 ▶ OK ＋ 駅 ＋ 前 ＋ 構わない？

① OK

親指と人さし指で丸をつくり、
前に出す。

② 駅

> 切符にはさみ
> を入れる様子

左手のひらを上に向けて、
右手の親指とそれ以外の指の間にはさむ。

③ 前（未来、今度、あと）

> 位置の「前」と時
> 間の「あと（未来）」
> は同じ表現です。

手のひらを前に向けて指をそろえ、
顔の横から前へ動かす。

④ 構わない？

小指をあごに2回あてる。

対応手話　語順 ▶ わかる ＋ 駅 ＋ 前 ＋ 構わない ＋ ですか

① わかる（知る）

手の甲を前に向け、親指以外の
指を横に伸ばし（指文字「く」）、
胸にあててからおなかの方へ下ろす。

② 駅

③ 前

④ 構わない

小指をあごに
2回あてる。

⑤ ですか

手のひらを自分側に
向けて立ててから、
指先を前に向ける。

113

一緒にショッピングに行かない？

日本手話　語順 ▶ ショッピング＋一緒に行く？

① ショッピング

「買う」を
2回くり返す

右手の親指と人さし指で丸をつくり、
2回前に出すと同時に、
左手のひらを上に向けて2回引く。

② 一緒に行く？

「一緒」＋「行く」が
ひとつになった
表現

両手の人さし指を前に伸ばし、
左右から寄せて中央で並べてから、
前に出す。

豆知識

「売る」と「買う」

「売る」「買う」の手話は、右手が「お金」、左手が「物」を表しています。「売る」は物を手放してお金を得るイメージ、「買う」はお金を払って物を手に入れているイメージです。わかりにくいので「お金が入ってくる（売る）」のか「お金が出ていく（買う）」のかを考えて、手を動かしてください。

売る

右手の親指と人さし指で丸をつくり、引くと同時に、左手のひらを上に向けて前に出す。

買う

右手の親指と人さし指で丸をつくり、前に出すと同時に、左手のひらを上に向けて引く。

対応手話　語順 ▶ 一緒＋ショッピング＋行く＋ですか

① 一緒　② ショッピング　③ 行く　④ ですか

両手の人さし指を前に伸ばし、左右から寄せて中央で並べる。

下に向けた人さし指を前に出す。

手のひらを自分側に向けて立ててから、指先を前に向ける。

手話では「〜ませんか？」「〜ない？」など否定疑問の形の勧誘はしません。

114

良いね！ 何が買いたいの？

日本手話　語順 ▶ 良いね ＋ 買う ＋ したい ＋ 何？

① 良いね

「良い」を
2回くり返す

手を鼻の前でにぎり、2回前に出す。

② 買う

右手の親指と人さし指で丸をつくり、
前に出すと同時に、
左手のひらを上に向けて引く。

③ したい（好き）

親指と人さし指を伸ばしてあごの下に構え、
斜め下にさげながら指を閉じる。

④ 何？

人さし指を立てて、左右に振る。

対応手話　語順 ▶ 良い ＋ 何 ＋ 買う ＋ したい ＋ ですか

① 良い

手を鼻の前でにぎり、
前に出す。

② 何

人さし指を立てて、
左右に振る。

③ 買う

④ したい

⑤ ですか

手のひらを自分側に
向けて立ててから、
指先を前に向ける。

このレストラン、おいしいんだって。

日本手話　語順 ▶ レストラン＋この（指さし）＋おいしい＋聞く＋私

① レストラン

ナイフと
フォークを
使う様子

場所

両手を軽くにぎって
下に向けて、
右手を前後に動かす。

手のひらを下に向けて
指を曲げる。

② この（指さし）

日本手話では
「レストラン
（名詞）」＋「こ
の（指示語）」
の語順です。

人さし指を伸ばして、
レストランをさす。

③ おいしい

指をそろえて、
ほほを2回たたく。

④ 聞く

指をそろえて、耳にあてる。

⑤ 私

人さし指を伸ばして、
自分をさす。

対応手話　語順 ▶ この（指さし）＋レストラン＋おいしい＋らしい

① この（指さし）

② レストラン

場所

③ おいしい

④ らしい

人さし指と中指を立てて、
「 ϟ 」を空中に描く。

116

へえ。何がおすすめなの？

日本手話　語順 ▶ へえ + すすめられる + 何？

① へえ

指をそろえた手のひらを顔に向けたあと、指先を下に向けながら、胸の方へ下げる。

② すすめられる

左手の親指を自分側に向けて立てて、右手の指先で2回押し上げる。

③ 何？

人さし指を立てて、左右に振る。

豆知識

味に関する手話

※「すっぱい」には別の表現もあります。

甘い

手のひらを自分側に向けて指を伸ばし口元で1回まわす。

苦い

手のひらを自分側に向けて、指を曲げて口元で左右に動かす。

すっぱい

指先をつけて丸をつくり、口元に近づけながらパッと開く。

対応手話　語順 ▶ へえ + 何 + すすめられる + ですか

① へえ

② 何

人さし指を立てて、左右に振る。

③ すすめられる

④ ですか

手のひらを自分側に向けて立ててから、指先を前に向ける。

他に何か頼みますか？

日本手話	語順 ▶ 他 ＋ 注文 ＋ ある ？

① 他

両手の甲をつけて
左手のひらを自分側に向け、
右手を前に出す。

② 注文

「言う」＋「頼む」
がひとつに
なった表現

人さし指を立てて口元に構え、
前に出しながらすべての指を立てる。

③ ある？

手のひらを下に向け、
軽く下げる。

> **豆知識**
>
> **注文の表現**
> ②の「注文」は、「言う」と「頼む」がひとつになった表現です。
>
>
>
> **言う**
>
> 人さし指を口元に立てて、前
> へ出す。
>
>
>
> **頼む**
>
> 手のひらを横に向けて指を伸ばし、
> そのまま前に倒して、頭を下げる。

対応手話	語順 ▶ 他 ＋ 何 ＋ 注文 ＋ ですか

① 他

② 何

人さし指を立てて、
左右に振る。

③ 注文

④ ですか

手のひらを自分側に
向けて立ててから、
指先を前に向ける。

おなかいっぱいです！

日本手話 語順 ▶ 満腹 + 私

① 満腹（おなかいっぱい）

両手の甲を前に向け、親指以外の指を横に伸ばして
（指文字「く」）おなかの前で前後に構え、
内側の手の甲を外側の手のひらにあてる。

② 私

人さし指を伸ばして、自分をさす。

豆知識

おなかがすいたときの表現

「満腹」は、おなかが張っている様子を表していますが、「空腹」はおなかがすいてえぐれそうな様子を表します。

空腹

ゆっくり大きく動かすほど、より空腹度合いが大きくなります。

手のひらを自分側に向けて指を下にして伸ばし、胃のあたりにあてておなかの下の方に向かってえぐるように下ろし、指先を前に出す。

対応手話 語順 ▶ 満腹 + です

① 満腹

② です（ある）

手のひらを下に向け、軽く下げる。

ろう者の中には「満足」を「満腹」の手話で表現する人もいますが、「満足」は胸にあてた手を細かく上下に動かすことで表現します。「おなかいっぱいで満足しました」は、対応手話なら「満腹」+「満足」、日本手話なら「誰が」を表現するので文末に「私」を加えて、「満腹」+「満足」+「私」となります。

今日はたくさん飲むぞ！

日本手話 語順▶ 今日＋（お酒を）たくさん飲む＋私

① 今日（今、現在）

両手のひらを下に向け、軽く下げる。

② （お酒を）たくさん飲む

両手の親指と人さし指で「C」の形をつくり、
交互に口元に近づける。

③ 私

人さし指を伸ばして、自分をさす。

豆知識

「たくさん飲む」の手話

日本語と日本手話はいろいろな点で表現が異なります。そのひとつが、②「（お酒を）たくさん飲む」のように目的語が複数の場合です。「たくさんのお酒を飲む」というとき、日本手話では「お酒を飲む」という表現を何度もくり返します。日本語ではどんなにたくさん飲もうと「飲む」ひとつで表しますが、日本手話は視覚言語なので、たくさん飲む様子を視覚的に表した「飲む飲む飲む」という表現をします。

対応手話 語順▶ 今日＋たくさん＋（お酒を）飲む

① 今日

② たくさん

両手の甲を下に向け、
親指から順に指を
折りながら手を左右に離す。

③ （お酒を）飲む

親指と人さし指で
「C」の形をつくり、
口元に近づける。

120

嫌なことでもあったの？

日本手話 語順▶ 嫌＋起こる＋ある＋あなた？

① 嫌

形式名詞の「こと」は、日本手話では表現しません。

親指と人さし指で半円をつくり、胸に2回あてる。

② 起こる（〈出来事が〉起きる）

人さし指を伸ばして、下から上へすくいあげる。

③ ある（です）

手のひらを下に向け、軽く下げる。

④ あなた？

人さし指を伸ばして、相手をさす。

対応手話 語順▶ 嫌＋こと＋ある＋ですか

① 嫌

② こと

両手の親指を立てたまま他の指を倒し（指文字「こ」）、上下に向かい合わせる。

③ ある

④ ですか

手のひらを自分側に向けて立ててから、指先を前に向ける。

旅行に行かない？

日本手話 語順 ▶ 旅行 ＋ 一緒に行く？

❶ 旅行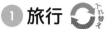

左手の指をそろえて前に向け、
右手の人さし指と中指を前に伸ばして、
前回りに円を描く。

両手の人さし指を立てて、
頭の横で交互に前後させる。

❷ 一緒に行く？

両手の人さし指を前に伸ばし、
左右から寄せて
中央で並べてから、前に出す。

ドライブ

両手をにぎり、向かい合わせ
て動かす。

対応手話 語順 ▶ 旅行 ＋ 行く ＋ ですか

❶ 旅行

❷ 行く

下に向けた
人さし指を前に出す。

❸ ですか

手のひらを自分側に
向けて立ててから、
指先を前に向ける。

良いね！温泉に行きたい。

日本手話　語順 ▶ 良いね + 温泉 + 行く + したい + 私

① 良いね

「良い」を2回くり返す

手を鼻の前でにぎり、2回前に出す。

② 温泉

温泉マークを表す

右手の甲を前に向けて、人さし指と中指、
薬指を立て（指文字「ゆ」）、
左手の親指とそれ以外の指の間にはさむ。

③ 行く

下に向けた人さし指を
前に出す。

④ したい（好き）

親指と人さし指を伸ばして
あごの下に構え、
斜め下にさげながら指を閉じる。

⑤ 私

人さし指を伸ばして、
自分をさす。

対応手話　語順 ▶ 良い + 温泉 + 行く + したい

① 良い

手を鼻の前でにぎり、
前に出す。

② 温泉

③ 行く

④ したい

123

新しい服が買いたいんだ。

日本手話 語順 ▶ 新しい＋服＋買う＋したい＋私

① 新しい

両手の指先をつけて上に向け、
手を下ろしながら
指をパッと開く。

② 服 入れ替え

両手で自分の服の
胸あたりをつまむ。

③ 買う

お金と物を
交換する様子

右手の親指と人さし指で丸をつくり、
前に出すと同時に、左手のひらを
上に向けて引く。

④ したい（好き）

親指と人さし指を伸ばして
あごの下に構え、斜め下に
さげながら指を閉じる。

⑤ 私

人さし指を伸ばして、
自分をさす。

入れ替え 靴

靴べらで
靴を
履く様子

左手のひらを下に向ける。右手を
親指だけ出してにぎり、左手の下
から引き上げる。

対応手話 語順 ▶ 新しい＋服＋買う＋したい

❶ 新しい ❷ 服 ❸ 買う ❹ したい

何色が良いの？

日本手話　語順 ▶ 色＋何？

❶ 色

絵の具の
ふたを開ける
しぐさ

両手の指先をつけてから、一方は自分側に、
もう一方は前に向けて同時にねじる。

❷ 何？

人さし指を立てて、左右に振る。

豆知識

いろいろな色

赤

人さし指を横に伸ばして唇を
なぞる。

青

指を伸ばして、あごからほほへ
なで上げる。

黄

親指と人さし指を伸ばして親指を
おでこにあて、人さし指を振る。

対応手話　語順 ▶ 何＋色＋良い＋ですか

❶ 何

人さし指を立てて、
左右に振る。

❷ 色

❸ 良い

手を鼻の前でにぎり、
前に出す。

❹ ですか

手のひらを自分側に
向けて立ててから、
指先を前に向ける。

駅はどこですか？

語順 ▶ 駅＋どこ？

① 駅

② どこ？

左手のひらを上に向けて、
右手の親指と
それ以外の指の間にはさむ。

手のひらを下に向けて
指を曲げる。

人さし指を立てて、
左右に振る。

 交番

警察

場所

親指と人さし指でつくった半円をおでこに
あてる。

対応手話 語順 ▶ 駅＋どこ＋ですか

① 駅

② どこ

場所　　何

③ ですか

手のひらを自分側に
向けて立ててから、
指先を前に向ける。

そこの角を右に曲がったところにあります。

日本手話 　語順 ▶ 　角＋そこ（指さし）＋右に曲がる＋ある

① 角

指先を前に向けて出してから
右に曲げる。

② そこ（指さし）

日本手話では
「角（名詞）」＋「そ
こ（指示語）」の語
順です。

人さし指を伸ばして、角をさす。

③ 右に曲がる

「左に曲がる」と
伝えたいときは
左に曲げる

人さし指を前に向けて出してから
右に曲げる。

④ ある（です）

手のひらを下に向け、
軽く下げる。

対応手話 　語順 ▶ 　そこ（指さし）＋角＋右＋場所＋ある

① そこ（指さし）	② 角	③ 右	④ 場所	④ ある
		手をにぎり、 ひじを右に動かす。	手のひらを下に向けて 指を曲げる。	

第 **4** 章 　お出かけの会話

道をたずねる

新宿に行くのはどの電車ですか？

① 新宿

山手線が一周
するイメージ

両手の人さし指と中指を曲げて（指文字
「ろ」）、手の甲を自分側に向けて親指同士
を並べ、半円を描いて小指同士を並べる。

② 行く

下に向けた
人さし指を
前に出す。

🔄 横浜

横浜に日本初の理髪店が
できたことから、
カミソリでひげをそる様子

人さし指と中指を伸ばして、
ほほを2回すべらせる。

③ 電車

左手の人さし指と中指を伸ばし、その下で
右手の人さし指と中指を曲げて（指文字「ろ」）
あて、右手を2回前に出す。

④ 何？

人さし指を立てて、
左右に振る。

① 新宿

② 行く

③ 何

人さし指を立てて、
左右に振る。

④ 電車

⑤ ですか

手のひらを自分側に
向けて立ててから、
指先を前に向ける。

2番線です。

日本手話 　語順 ▶ ホーム + 2 + （指さし）

1 ホーム

両手の指を斜め下に伸ばし、
そのまま横に動かす。

2 2

人さし指と中指を立てる。

3 （指さし）

今いる場所が
2番線では
ないため、
斜め上をさす。

人さし指を伸ばして、
斜め上をさす。

豆知識

いろいろな乗り物

飛行機

親指と人さし指、小指を伸ばして、
斜め上にあげる。

新幹線

手のひらを自分側に向けて指を
軽く曲げ、前に出す。

船

両手のひらをくぼませて小指側を
合わせ、前に出す。

対応手話 　語順 ▶ 2 + です

1 2

2 です（ある）

手のひらを下に向け、
軽く下げる。

「2番線」をはじめ、「1枚」「1本」「1匹」「1頭」の
ような物の数え方の表現（助数詞）が手話にはとても
少ないです。物の数え方の表現が特に豊かな日本語
とは対照的ですね。「1枚」「1本」「1匹」「1頭」は
手話にはありません。そのため「はがき＋1」「傘＋1」
「イヌ＋1」「ライオン＋1」のような表現になります。

方角を表す単語

　方角を表す「東」と「西」の手話には、それぞれを応用した単語があります。たとえば「東」を2回上げると「東京」、「西」を2回下げると「京都」になります。

　「南」の手話には「夏」や「暑い」という意味もあります。意味を区別するために、口型（口の形）をつけます。声を出さずに「みなみ」や「なつ」と口を動かすのです。

　また、聴覚障がい者に場所を説明するときには、自分の前に地図が広がっているつもりで、指をさしながら説明すると良いでしょう。

日が昇る
様子を表す

東

両手の親指と人さし指を伸ばし（指文字「れ」）、1回上げる。

日が沈む
様子を表す

西

両手の甲を前に向け、親指と人さし指を伸ばし（指文字「ふ」）、1回下げる。

うちわで
あおぐ様子

南（夏、暑い）

親指側を上にして手をにぎり、顔の横であおぐように動かす。

「北」の漢字
を表す

北

両手の甲を前に向け、親指と人さし指、中指を伸ばし（指文字「し」）、手首を交差する。

第5章

仕事の会話

仕事にかかわる会話表現を紹介します。
「おつかれさまでした」など、
ちょっとした気づかいの表現も、
一緒に練習しましょう。

最近、仕事はどうですか？

日本手話 語順 ▶ 最近 + 仕事 + どう？

① 最近

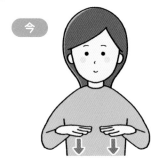

今

両手のひらを下に向けて、軽く下げる。

くらい

指先を前に向けて伸ばし、左右に軽く振る。

② 仕事（働く、職業）

書類をまとめている様子

両手のひらを上に向け、指先を向かい合わせて、左右から中央へ2回近づける。

③ どう？

サイコロを振るイメージ

手のひらを上に向けて、左右に軽く振る。

対応手話 語順 ▶ 最近 + 仕事 + どう + ですか

① 最近

今 **くらい**

② 仕事

③ どう

手のひらを上に向けて、左右に軽く振る。

④ ですか

手のひらを自分側に向けて立ててから、指先を前に向ける。

最近は忙しくしています。

日本手話　語順 ▶ 最近＋忙しい＋私

1 最近

今
両手のひらを下に向けて、
軽く下げる。

くらい
指先を前に向けて伸ばし、
左右に軽く振る。

2 忙しい

両手を下に向けて
指を軽く曲げ、
交互に水平にまわす。

3 私

人さし指を伸ばして、
自分をさす。

暇
両手のひらを自分側に向けて
立ててから、指先を前に向け
る。

暇

暇すぎて
大仏に
なった
様子

右手の親指と人さし指で丸を
つくり(指文字「め」)、左手は
手のひらを上に向ける。

対応手話　語順 ▶ 最近＋忙しい＋する

1 最近

今　**くらい**

2 忙しい

3 する

両手の甲を
上に向けてにぎり、
前に出す。

133

職場はどこですか？

語順 ▶ 職場 + 何？

1 職場

仕事

場所

両手のひらを上に向け、
指先を向かい合わせて、
左右から中央へ2回近づける。

手のひらを下に向けて
指を曲げる。

2 何？

人さし指を立てて、
左右に振る。

豆知識

「場所」をたずねるとき

「職場」は「仕事＋場所」、「どこ？」は「場所＋何？」で表します。「職場はどこ？」と聞きたいときは、「仕事＋場所」「場所＋何？」と「場所」が連続してしまうので、このような場合は、「仕事＋場所」＋「何？」として、「どこ？」ではなく「何？」だけを表します。

● どこ？

場所

何？

対応手話 語順 ▶ 職場 + 何 + ですか

1 職場

仕事

場所

2 何

人さし指を立てて、
左右に振る。

3 ですか

手のひらを自分側に
向けて立ててから、
指先を前に向ける。

あのビルです。

日本手話	語順 ▶ あの（指さし）＋ビル＋あの（指さし）

1 あの（指さし）

対象の
ビルをさす

人さし指を伸ばして、
遠くのビルをさす。

2 ビル（建物）

ビルの形を
表す

指先を前に向けた両手を向かい合わせ、
そのまま上にあげてから両手のひらを
下に向けて中央に動かす。

3 あの（指さし）

①でさした方向
をもう一度さす

豆知識

建物の規模を表す

建物について表現する
とき、その建物の高さに
よって手を上げる高さ
が変わります。低いビル
なら小さく、高いビルな
ら大きく動かしましょう。

高い「ビル」の場合

対応手話	語順 ▶ あの（指さし）＋ビル＋です

1 あの（指さし）

2 ビル

3 です（ある）

手のひらを下に向け、
軽く下げる。

対応手話の場合、「日本人です」
や「おいしいです」といった名詞
や形容詞の丁寧形「〜です」を文
末で表します。対応手話は日本
語に準じている言語なので、日本
語のとおりに表します。日本手話
が母語の人の中には、「です」を
表すのを嫌がる人もいますが、対
応手話では表すものなのです。

135

昨日の会議、すごく緊張しました。

日本手話 語順 ▶ 昨日＋会議＋すごく緊張する＋私

① 昨日

手の甲を前に向けて人さし指を立て、
顔の横から肩ごしに後ろへ動かす。

② 会議（相談）

両手を、親指を向かい合わせるように
立ててにぎり、中央に動かして2回ぶつける。

③ すごく緊張する

「緊張する」を
何度も
早くくり返す

両手の甲を前に向け、親指以外の指を横に
伸ばして（指文字「く」）前後に構え、内側の
手の甲を外側の手のひらに何度も早くあてる。

④ 私

人さし指を伸ばして、自分をさす。

対応手話 語順 ▶ 昨日＋会議＋とても＋緊張する＋ました

① 昨日

② 会議

③ とても

右手の親指と人さし指を
伸ばし、弧を描くように
右へ動かす。

④ 緊張する（ドキドキする）

両手の甲を前に
向け、親指以外の
指を横に伸ばして
（指文字「く」）前
後に構え、内側の
手の甲を外側の
手のひらに2回あ
てる。

⑤ ました（終わる）

両手のひらを上に
向けて、下げながら
指を閉じる。

おつかれさまでした。うまくいきましたか？

日本手話　語順 ▶ おつかれさま + スムーズ + 終わる + あなた？

1 おつかれさま（大変）

両手をにぎり、
左手首を右手の小指側で2回たたく。

2 スムーズ

指をそろえて人さし指側をほほにあて、
あごに向けて下ろす。

3 終わる（でした、ました）

両手のひらを上に向けて、
下げながら指を閉じる。

4 あなた？

人さし指を伸ばして、相手をさす。

対応手話　語順 ▶ おつかれさま + でした + うまい + 行く + ですか

1 おつかれさま

2 でした（終わる）

3 うまい（上手）

左手の甲の上に右手のひらを
のせて、そのまま左手の
指先へすべらせる。

4 行く

下に向けた
人さし指を
前に出す。

5 ですか

手のひらを自分側に
向けて立ててから、
指先を前に向ける。

137

残業続きで疲れました。

日本手話　語順 ▶ 残業 + 〜てくる + 疲れる + 私

① 残業

「過ぎる」を
2回くり返す

左手のひらを下に向けて指をそろえて
横に伸ばす。右手の指をそろえて前に伸ばし、
左手首を2回越えて前に出す。

② 〜てくる

「〜てくる」で
同じ状態が
現在まで続いて
いることを表す

左手の指先を前に向けて伸ばす。
右手の人さし指を前に伸ばして、
左手のひらにあてる。

③ 疲れる

両手のひらを自分側に向けて、
指先を向かい合わせ、
両手の指先を同時に下に向ける。

④ 私

人さし指を伸ばして、自分をさす。

対応手話　語順 ▶ 仕事 + 過ぎる + 続く + 疲れる + ました

① 仕事(働く、職業)　**② 過ぎる**

両手のひらを上に向け、
指先を向かい合わせて、
左右から中央へ
2回近づける。

左手のひらを下
に向けて指をそ
ろえて横に伸ば
す。右手の指を
そろえて前に伸
ばし、左手首を
越えて前に出す。

③ 続く(伝える)

両手の親指と
人さし指でつくった
丸をつないで前に出す。

④ 疲れる

⑤ ました(終わる)

両手のひらを
上に向けて、
下げながら指を閉じる。

休んだ方が良いんじゃないですか？

日本手話 語順▶ 休む＋良い＋ちがう＋あなた？

1 休む（休み）

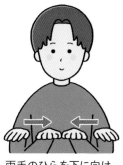

両手のひらを下に向け、
左右から中央に動かして並べる。

2 良い

手を鼻の前でにぎり、前に出す。

3 ちがう

親指と人さし指を伸ばしてから、
手首をひねって、手の甲を前に向ける。

4 あなた？

人さし指を伸ばして、相手をさす。

対応手話 語順▶ 休む＋どう＋ですか

1 休む

2 どう

手のひらを上に向けて、
左右に軽く振る。

3 ですか

手のひらを自分側に
向けて立ててから、
指先を前に向ける。

日本語には「〜した方が良い」「〜すると良い」「〜した方が良いんじゃないですか」「〜したらどうですか」「〜してはいかがですか」など、アドバイスの表現がたくさんあります。特に「〜した方が良い」には、"その行為をしないと悪い結果が生じる"という意味を含むこともあります。手話ではこのような表現の種類が少ないです。

139

この企画は私が考えました。

日本手話 語順▶ 企画 ＋ この（指さし）＋ 考える ＋ 私

1 企画

右手の人さし指と小指を立てて、
それ以外の指をつけて（指文字「き」）下に向け、
左手に沿って横に動かしてから自分側に動かす。

2 この（指さし）

さし示すものが
その場にないと
きは、①「企画」
の手話を表した
場所をさします。

人さし指を伸ばして、
企画をさす。

3 考える

人さし指をこめかみにあてて、
手首をひねって動かす。

4 私

人さし指を伸ばして、自分をさす。

対応手話 語順▶ この（指さし）＋ 企画 ＋ 私 ＋ 考える ＋ ました

1 この（指さし） **2 企画** **3 私** **4 考える** **5 ました**（終わる）

両手のひらを上に向けて、
下げながら指を閉じる。

すごいですね。

日本手話 語順 ▶ すごい＋あなた

1 すごい

指を曲げた手を、親指を下にして
顔の横に構え、前にひねる。

2 あなた

人さし指を伸ばして、相手をさす。

豆知識

手話の「拍手」

拍手の音は、聴覚障がい者には
聞こえません。手話で拍手を表
すときは、両手のひらを前に向
けて、手首を数回ひねります。
拍手をおくりたい相手に指先を
向けて表現することもあります。

普通の「拍手」

両手のひらを前に向けて、手首
を数回ひねる。

相手に向けた「拍手」

両手の指先を相手に向けて、手
首を数回ひねる。

対応手話 語順 ▶ すごい＋ですね

1 すごい

2 ですね（同じ）

片手は相手の位置、
もう一方は自分の近
くで、両手のひらを
上に向け、親指と人
さし指を伸ばしてか
ら2回閉じる。

手話の拍手は上記のように、両手の
ひらを前に向けて、手首を数回ひねっ
て手をひらひら動かします。他にも、
がんばって良い結果を出した人など
を、両手のひらを合わせてパチパチす
る聴者の拍手と、相手の頭をなでるし
ぐさで褒めることもあります。

今度の資料をまだつくっていません。

1 今度（未来、あと、〈位置的な〉前）

手のひらを前に向けて指をそろえ、
顔の横から前へ動かす。

2 資料

右手の親指と人さし指、中指を伸ばして
（指文字「し」）左手のひらの上にのせ、
左手の指先に向けて2回すべらせる。

3 つくる（制作、生産）

両手を、親指側を上に向けてにぎって
上下に構え、上の手で下の手を2回たたく。

4 まだ

左手の指先を前に向けて伸ばす。
右手の甲を前に向け、親指以外の指を横に
伸ばして(指文字「く」)、上下に2回振る。

対応手話 | 語順▶ 今度＋資料＋まだ＋つくる＋ない

1 今度	2 資料	3 まだ	4 つくる	5 ない

両手のひらを前に
向けてから、手首をひねって
手のひらを自分側に向ける。

大変ですね。手伝いましょうか？

日本手話　語順 ▶ 大変 ＋ 手伝う ＋ 私？

1 大変（おつかれさま）

両手をにぎり、
左手首を右手の小指側で2回たたく。

2 手伝う（助ける）

左手の親指を立て、
右手で前に向けて
2回軽くたたく。

3 私？

人さし指を伸ばして、自分をさす。

豆知識

「手伝ってもらう」の表現

「手伝う」の向きを逆にして、右手で左手を自分側に向けて2回軽くたたくと、「手伝ってもらう」の意味になります。

手伝ってもらう

自分側に
向けてたたく

対応手話　語順 ▶ 大変 ＋ ですね ＋ 手伝う ＋ ですか

1 大変

2 ですね（同じ）

片手は相手の位置、もう一方は自分の近くで、両手のひらを上に向け、親指と人さし指を伸ばしてから2回閉じる。

3 手伝う

4 ですか

手のひらを自分側に向けて立ててから、指先を前に向ける。

明日はしめきりです。

日本手話　語順 ▶ 明日 ＋ しめきり ＋ 私

① 明日

手のひらを前に向けて人さし指を立て、
顔の横から前へ出す。

② しめきり

ハサミで切る
様子

左手の指をそろえて横に向ける。
右手の人さし指と中指を前に向けて、
左手の指先の横で閉じる。

③ 私

人さし指を伸ばして、
自分をさす。

↻ プレゼン

発表	説明

両手の親指と人さし指を伸ば
し(指文字「れ」)、口元から前
に出す。

左手のひらを上に向け、右手の
指をそろえて、指先を2回左手
にあてる。

対応手話　語順 ▶ 明日 ＋ しめきり ＋ です

① 明日

② しめきり

③ です（ある）

手のひらを下に向け、
軽く下げる。

日本語では「です」と「あ
る」はちがう言葉ですが、手
話では同じ表現になります。

144

がんばってください。応援しています。

日本手話 語順 ▶ がんばる＋応援＋私

1 がんばる（元気）

両手の甲を上に向けてにぎり、
両ひじをはって2回下げる。

2 応援

旗を振る様子

両手を、親指側を上にしてにぎり、
上下に重ねてから胸の前で左右に振る。

3 私

人さし指を伸ばして、自分をさす。

豆知識

相手の目を見て

手話を表すときには、相手の目を見て話しましょう。自分の思いを伝えるために、大切なことです。特に話を始めるときは、相手の肩をたたいたり手招きをするなど、必ず相手に自分の方を見てもらってから話を始めましょう。

対応手話 語順 ▶ がんばる＋頼む＋応援＋する

1 がんばる

2 頼む（依頼）

手のひらを横に向けて指を伸ばし、そのまま前に倒して、頭を下げる。

3 応援

4 する

両手の甲を上に向けてにぎり、前に出す。

145

仕事をやめたいです。

1 仕事（働く、職業）

両手のひらを上に向け、
指先を向かい合わせて、
左右から中央へ2回近づける。

2 やめる

右手のすべての指で丸をつくり
（指文字「お」）、手の甲を上にして
左手のひらにのせてから横に下ろす。

3 したい（好き）

親指と人さし指を伸ばしてあごの下に構え、
斜め下にさげながら指を閉じる。

4 私

人さし指を伸ばして、自分をさす。

対応手話 語順 ▶ 仕事 + やめる + したい + です

1 仕事

2 やめる

3 したい

4 です（ある）

手のひらを下に向け、
軽く下げる。

何かあったんですか？

日本手話 語順 ▶ どうして？

① どうして？

日本手話では、「何かあったんですか？」は
①「どうして？」の手話ひとつで表せます。
これは日本手話独特の表現で、ろう者は
「ポ」という口型（口の形）をつけます。

親指と小指を伸ばして（指文字「や」）、
親指を鼻の前に構え、小指を下に向ける。

豆知識

「どうして」と「得意」

日本手話の①「どうして」は、
小指が下に向いています。同
じ手の形で、小指を上に向け
て構えてから手を斜め上に出
すと、「得意」になります。手
の形が同じでも、手の向きに
よって意味が変わってしまうこ
ともあるので、注意しましょう。

どうして

得意

親指と小指を伸ばして（指文字
「や」）、親指を鼻の前、小指を
上に向けて構え、斜め上に出す。

対応手話 語順 ▶ 何＋ある＋ですか

①何

人さし指を立てて、
左右に振る。

②ある（です）

手のひらを下に向け、
軽く下げる。

③ですか

手のひらを自分側に
向けて立ててから、
指先を前に向ける。

「ある」の代わりに、「起こ
る（→121ページ）」を使っ
て「何」＋「起こる」＋「です
か」としてもよいです。

パソコンが壊れてしまいました。

日本手話 語順▶ パソコン＋だめになる

① パソコン ↻れ替え

左手の人さし指と中指をそろえて
斜め前に向けてから上にあげ(指文字「ぱ」)、
右手はキーボードを打つように動かす。

② だめになる（おじゃんになる）

すべての指で丸をつくり(指文字「お」)
両手の甲を下に向け、
上にあげながら指を開く。

↻れ替え スマホ

左手のひらを上に向けて指を軽く曲げ、右手の人さ
し指を左手の上で左右に動かす。

↻れ替え タブレット

**タブレットの
四角い形を
表す**

両手の人さし指を伸ばして左右に離し、下にさげて
から中央に近づける。

対応手話 語順▶ パソコン＋壊れる＋ました

① パソコン

② 壊れる（壊す）

両手の甲を上に向けて、
並べてにぎる。棒を折るように
手首をひねり、親指側を上にする。

③ ました（終わる）

両手のひらを上に
向けて、下げながら
指を閉じる。

日本語に準じている対応手話
は、日本語と同じく表情に重き
を置いていませんが、日本語と
ちがって後悔や残念な気持ち
を表す「～てしまいました」と
いう表現がありません。残念
な気持ちを表すときには、表情
をつけた方が伝わりやすいで
しょう。

わかりました。確認しに行きます。

日本手話 語順 ▶ わかる＋行く＋確認＋私

① わかる（知る）

手の甲を前に向け、親指以外の指を
横に伸ばし（指文字「く」）、胸に
あててからおなかの方へ下ろす。

② 行く

上に向けた人さし指を
前に出す。

> 日本手話では、「物事を発生
> した順番に表現する」ことが
> とても重要です。「確認しに
> 行く」も、その場に「行って」
> から「確認する」ので、「行く」
> を先に表現します。

③ 確認

調べる

認める

人さし指と中指を曲げて、
指先を自分の目に向け、
左右に振る。

両手のひらを向かい合わせて
にぎって顔の横に構え、
中央に向かって同時に倒す。

④ 私

人さし指を伸ばして、
自分をさす。

対応手話 語順 ▶ わかる＋確認＋行く

① わかる

② 確認

調べる

認める

③ 行く

下に向けた人さし指を
前に出す。

> 「行く」には、日本手話
> ②で紹介した「行く」
> もあります。どちらを
> 使っても構いません。

日曜日は空いていますか？

日本手話　語順▶ 日曜日 ＋ からっぽ ＋ あなた？

① 日曜日

`赤`

人さし指を横に伸ばして唇をなぞる。

`休み`

両手のひらを下に向け、
左右から中央に動かして並べる。

② からっぽ

左手のひらを下に向けて横に伸ばし、
その下で右手の指先を前に伸ばして
左右に振る。

③ あなた？

人さし指を伸ばして、相手をさす。

対応手話　語順▶ 日曜日 ＋ からっぽ ＋ ですか

① 日曜日

`赤`

`休み`

② からっぽ

③ ですか

手のひらを自分側に
向けて立ててから、
指先を前に向ける。

日本手話も対応手話
も、②「からっぽ」の
代わりに「予定」＋
「ある」を使うと、「日
曜日の予定はありま
すか？」と聞くこと
ができます。（→110
ページ）

アルバイトがあります。

日本手話　語順▶　アルバイト＋私

① アルバイト

仮　**仕事**

左手の甲を前に向け、親指以外の指を横に伸ばして
（指文字「く」）斜めに構える。右手の親指と
人さし指で丸をつくり、左手の甲にあてる。

両手のひらを上に向け、
指先を向かい合わせて、
左右から中央へ2回近づける。

② 私

人さし指を伸ばして、
自分をさす。

パート

時間　**仕事**

右手の人さし指を、左手首の腕時
計の位置にあてる。

対応手話　語順▶　アルバイト＋ある

① アルバイト

仮　**仕事**

② ある（です）

手のひらを下に向け、
軽く下げる。

「存在」を表す動詞「ある」と名
詞・形容詞の丁寧形の文末表現
「です」は、対応手話ではまった
く同じ動きです。そのため、「あ
る」なのか「です」なのかを区
別するために口型（口の形）をつ
けます。ここでは「あります」と
口を動かしましょう。

季節を表す単語

　それぞれの季節を表す手話には、季節以外に「春＝あたたかい」「夏＝暑い、南」「秋＝涼しい」「冬＝寒い」と、複数の意味があります。それぞれの意味は、「はる」「なつ」「あき」「ふゆ」などと口型（口の形）をつけることで区別します。

　また、「季節」で右手の人さし指と中指を伸ばして動かすのは、「替わる」を表す手話です。「着替え」や「乗り換え」でも、手をチョキの形にして動かす表現を使います。

季節

左手の甲を前に向け、親指以外を伸ばす（数詞「四」）。右手をチョキの形にして左手の指先と向かい合わせ、2回手首をひねりながら下ろす。

春（あたたかい）

胸の前で、両手の指を軽く曲げて指先を向かい合わせ、自分側に引いてから前に向けて大きく2回まわす。

うちわで
あおぐ様子

夏（暑い、南）

親指側を上にして手をにぎり、顔の横であおぐように動かす。

秋（涼しい）

首の横で、両手の指を軽く曲げて指先を向かい合わせ、自分側に引いてから前に向けて2回まわす。

寒くて
ブルブル
震える様子

冬（寒い）

親指側を上にして両手をにぎり、脇をしめて小刻みに震わせる。

第 6 章

学校の会話

学校で使える会話表現を紹介します。
学生ではない人でも、覚えておくと
役に立つ単語がたくさん出てきます。

私は大学１年生です。

日本手話 語順 ▶ 私 ＋ 大学 ＋ １ ＋ 年 ＋ 私

①私

人さし指を伸ばして、
自分をさす。

②大学 大学の学帽を表す

両手の親指と人さし指を伸ばし、まず
右手を頭の前、左手を頭の横に構えて、
指を閉じる。次に右手を頭の横、左手を
頭の前に構えて、指を閉じる。

③１

人さし指を立てる。

④年

左手の親指側を上にしてにぎり、
右手の人さし指を
左手の親指にあてる。

⑤私

高校

旧制一校の帽子の
白線を表す

右手の人さし指と中指を横に
伸ばし、おでこの左から右へ
動かす。

対応手話 語順 ▶ 私 ＋ 大学 ＋ １ ＋ 年 ＋ です

①私

②大学

③１

④年

⑤です（ある）

手のひらを下に向け、
軽く下げる。

同い年ですね。

日本手話 語順 ▶ 同い年 + ですね

① 同い年 (同級生)

両手の小指側を前に向けて、親指を立てた
まま他の指を倒し(指文字「こ」)
前後に構え、2回軽くぶつける。

② ですね (同じ)

片手は相手の位置、もう一方は自分の近くで、
両手のひらを上に向け、親指と人さし指を
伸ばしてから2回閉じる。

豆知識

「先輩」と「後輩」の表現

「先輩」「後輩」は、指文字「こ」を頭の横で上げ
たり下げたりして表します。「先輩!」と相手を
呼びたいときは「先輩」+
「手招き」で表現するこ
とができます。

小指側を前に向けて、親指を立てた
まま他の指を倒し(指文字「こ」)、
頭の横から上にあげる。

小指側を前に向けて、親指を立てた
まま他の指を倒し(指文字「こ」)、
頭の横から下にさげる。

対応手話 語順 ▶ 同じ + 歳 + ですね

① 同じ

② 歳

あごの下で、手のひらを
自分側に向け、
親指から順に指を折る。

③ ですね

「同い年」は、日本手話と対応手
話では表現が異なります。日本
手話では上記のように「同級生」
という手話で表します。一方、対
応手話では日本語の言葉どおり
「同じ」+「歳」で表します。こ
のように、文章の語順や構造だけ
でなく、語彙も対応手話と日本手
話で異なることがあります。

入るサークルは決めましたか？

① 入る

自分から見て「入」の形にする

両手の人さし指を伸ばして「入」の形をつくり、前に倒す。

② サークル

親指を外に出してにぎり（指文字「さ」）、水平に円を描く。

③ 決める（決定）

左手のひらを上に向ける。右手の人さし指と中指を伸ばして、左手のひらに打ちつける。

④ ました（終わる）

両手のひらを上に向けて、下げながら指を閉じる。

⑤ あなた？

人さし指を伸ばして、相手をさす。

対応手話　語順 ▶ 入る + サークル + 決める + ました + ですか

① 入る	② サークル	③ 決める	④ ました	⑤ ですか

手のひらを自分側に向けて立ててから、指先を前に向ける。

手話サークルに入りたいです。

日本手話 語順 ▶ 手話 + サークル + 入る + したい + 私

① 手話

両手の人さし指を伸ばして
指先を向かい合わせ、
くるくるとまわす。

② サークル

親指を外に出してにぎり
（指文字「さ」）、
水平に円を描く。

③ 入る

両手の人さし指を伸ばして
「入」の形をつくり、
前に倒す。

④ したい（好き）

親指と人さし指を伸ばして
あごの下に構え、斜め下に
さげながら指を閉じる。

⑤ 私

人さし指を伸ばして、
自分をさす。

スポーツ

両手の指を開いて、体の横
で交互にまわす。

対応手話 語順 ▶ 手話 + サークル + 入る + したい + です

① 手話

② サークル

③ 入る

④ したい

⑤ です（ある）

手のひらを下に向け、
軽く下げる。

好きな科目は何ですか？

日本手話 語順 ▶ 好き＋科目＋何？

1 好き（したい） **2 科目**

勉強

種類

親指と人さし指を伸ばして
あごの下に構え、斜め下に
さげながら指を閉じる。

両手のひらを上に向けて
体の前で並べ、
上下に2回動かす。

右手の親指以外の指を横に伸
ばして（指文字「く」）左手のひ
らにのせ、左手の親指側、中指
側、小指側の3方向へ動かす。

3 何？

人さし指を立てて、左右に振る。

 嫌い（したくない）

親指と人さし指をつけてあごの下に構え、斜め
下にさげながら指を開く。

対応手話 語順 ▶ 好き＋科目＋何＋ですか

1 好き **2 科目** **3 何** **4 ですか**

勉強 種類

人さし指を立てて、
左右に振る。

手のひらを自分側に
向けて立ててから、
指先を前に向ける。

国語です。

日本手話 　語順 ▶ 国語 ＋ 私

1 国語（ホームページ、ブログ） 　　**2** 私

両手の親指を前に向けて、
上、下の順番で前に少し押す。

人さし指を伸ばして、自分をさす。

 英語（イギリス）

イギリスの
バッキンガム宮殿で
衛兵がかぶる帽子の
あごの部分を表す

右手の人さし指と中指を伸ばし、あごの左下から右
下へ動かす。

 音楽

両手の人さし指を立てて、同時に外側から内側、内
側から外側に振る。

対応手話 　語順 ▶ 国語 ＋ です

1 国語　　**2** です（ある）

手のひらを下に向け、
軽く下げる。

> 「国語」の手話は、掲示物を画びょうで
> 貼る様子が由来です。「ホームページ」、
> 「ポスター」も同じ手話で表現し、口型
> （口の形）でちがいを表します。

苦手な科目は何ですか？

日本手話 語順▶ 苦手＋科目＋何？

1 苦手 ↻入れ替え

指を開いて顔に向け、
中指のあたりで
鼻をつぶすように押す。

2 科目

勉強

両手のひらを上に向けて
体の前で並べ、
上下に2回動かす。

種類

右手の親指以外の指を横に伸
ばして(指文字「く」)左手のひ
らにのせ、左手の親指側、中指
側、小指側の3方向へ動かす。

3 何？

人さし指を立てて、左右に振る。

↻入れ替え **得意**

親指と小指を伸ばして(指文字「や」)、親指を
鼻の前、小指を上に向けて構え、斜め上に出す。

対応手話 語順▶ 苦手＋科目＋何＋ですか

1 苦手

2 科目

勉強

種類

3 何

人さし指を立てて、
左右に振る。

4 ですか

手のひらを自分側に
向けて立ててから、
指先を前に向ける。

数学です。

日本手話 　語順▶ 数学＋私

❶ 数学（数、算数）

両手の甲を前に向け、人さし指と中指、
薬指を立てて（指文字「ゆ」）、
薬指同士を2回あてる。

❷ 私

人さし指を伸ばして、自分をさす。

 体育（運動）

両手をにぎり、ラジオ体操のように体の前で左右から腕を2回交差させる。

 社会

両手の親指と小指を立て、手のひらを自分側に向けて小指同士を並べ、半円を描いて親指同士を並べる。

対応手話 　語順▶ 数学＋です

❶ 数学

❷ です（ある）

手のひらを下に向け、
軽く下げる。

> 「算数」「数学」「数」はすべて同じ表現です。口型（口の形）をつけることでちがいを表します。

この間の試験はどうでした？

日本手話　語順 ▶ 過去 ＋ 試験 ＋ どう？

1 過去（以前）

手の甲を前に向けて指をそろえ、
顔の横から肩ごしに後ろへ動かす。

2 試験（テスト、コンクール）

一方が合格、
もう一方が
不合格という
表現

両手の親指を立てて、
胸の前で交互に上下させる。

3 どう？

サイコロを振る
イメージ

手のひらを上に向けて、
左右に軽く振る。

豆知識

「試験」を前後に動かすと「競争」

両手の親指を立てて、胸の前で交互に
前後させると「競争」になります。

競争

抜いたり
抜かれたり
する様子

対応手話　語順 ▶ 過去 ＋ 試験 ＋ どう ＋ ですか

1 過去

2 試験

3 どう

手のひらを上に向けて、
左右に軽く振る。

4 ですか

手のひらを自分側に
向けて立ててから、
指先を前に向ける。

合格しました。

① 合格（当選）　入れ替え

左手のひらを下に向けて構え、
右手の指先を上に向けてそろえて、
左手を越えるように上げる。

② 私

人さし指を伸ばして、自分をさす。

入れ替え **不合格**（落第、落選）

右手の指先を上に向けてそろえて、左手のひらで下
にたたき落とす。

入れ替え **ギリギリ**

「合格」「不合格」「ギ
リギリ」の、左手は
合格ラインを表し、
右手はそのライン
を越えられたかどう
かを表します。

左手のひらを下に向けて構え、右手のひらを横に向け
て指先を上に伸ばし、小さく上下に動かす。

---

① 合格

② ました（終わる）

両手のひらを上に向けて、
下げながら指を閉じる。

「合格」「不合格」の手話には、選挙の「当
選」「落選」という意味もあります。サー
クルの役員を決めるような選挙から、
衆・参議院議員選挙まで、さまざまな選
挙で、日本手話、対応手話ともに使うこ
とができます。政見放送の手話通訳で
も使われています。

一緒にランチを食べませんか？

日本手話 語順 ▶ 一緒 ＋ ランチ ＋ 食べる？

1 一緒

両手の人さし指を前に伸ばし、
左右から寄せて中央で並べる。

2 ランチ（昼）

「ランチ」と
口型（口の形）
をつける

人さし指と中指を立ててそろえ、
額の前に立てる。

3 食べる？

手話では「〜ません
か？」「〜ない？」など
否定疑問の形の勧誘
はしません。

左手のひらを上に向けて指を軽く曲げ、
右手ですくって口元に運ぶ。

豆知識

手話の勧誘表現

日本語には「行きましょう」「行きましょうか」「行きませんか」「行かない？」「行こう」など、さまざまな勧誘表現があります。ところが、手話にはこのような表現がありません。そのため「一緒」＋「動詞」に、相手を誘う表情で首をかしげることで勧誘の意味を示します。「おいで、おいで」と手招きをして勧誘を表現することもあります。

対応手話 語順 ▶ 一緒 ＋ ランチ ＋ 食べる ＋ ですか

1 一緒

2 ランチ

3 食べる

左手のひらを上に
向けて指を軽く曲げ、
右手ですくって口元に運ぶ。

4 ですか

手のひらを自分側に
向けて立ててから、
指先を前に向ける。

良いね！食堂で食べましょう。

日本手話 語順 ▶ 良いね＋食堂＋（指さし）＋食べる

❶ 良いね

「良い」を
2回くり返す

手を鼻の前でにぎり、
2回前に出す。

❷ 食堂

食べる

＋

場所

左手のひらを上に向けて
指を軽く曲げ、
右手ですくって口元に運ぶ。

手のひらを下に向けて
指を曲げる。

❸ （指さし）

今いる場所が食
堂ではないため、
斜め上をさす

人さし指を伸ばして、
斜め上をさす。

❹ 食べる

豆知識

「食べる」の表現いろいろ

一般的な「食べる」は④
ですが、食べるものに
よって、表現が変わりま
す。たとえばハンバー
ガーなら両手で持って
かぶりつく動作、お菓子
なら片手で持って口元
に運ぶ動作をします。

対応手話 語順 ▶ 良い＋ですね＋食堂＋食べる

❶ 良い

手を鼻の前でにぎり、
前に出す。

❷ ですね（同じ）

片手は相手の位置、
もう一方は自分の近
くで、両手のひらを
上に向け、親指と人
さし指を伸ばしてか
ら2回閉じる。

❸ 食堂

食べる

＋

場所

❹ 食べる

まだレポートが終わっていません。

日本手話 語順 ▶ レポート + 終わる + まだ

① レポート

右手の親指と人さし指を伸ばして
（指文字「れ」）左手のひらにのせ、
指先に向けて2回すべらせる。

② 終わる（でした、ました）

両手のひらを上に向けて、
下げながら指を閉じる。

③ まだ

左手の指先を前に向けて伸ばす。
右手の甲を前に向け、親指以外の指を横に
伸ばして（指文字「く」）、上下に2回振る。

豆知識

「ない」を使わない否定文

「まだ〜していない」というとき、対応手
話では「まだ」+「動詞」+「ない」と表し
ますが、日本手話では「動詞」+「まだ」
だけで「まだ〜していない」という否定
の意味になります。

対応手話 語順 ▶ まだ + レポート + 終わる + ない

①まだ **②レポート** **③終わる** **④ない**

両手のひらを前に向けてから、
手首をひねって手のひらを
自分側に向ける。

図書館に行ったらどうですか？

1 図書館

本

両手のひらを合わせてから、
左右に開く。

建物

指先を前に向けた両手を向かい合わせ、
そのまま上にあげてから両手のひらを
下に向けて中央に動かす。

2 行く

下に向けた人さし指を前に出す。

3 どう？

サイコロを振る
イメージ

手のひらを上に向けて、
左右に軽く振る。

対応手話　語順 ▶ 図書館 + 行く + どう + ですか

1 図書館

本

建物

2 行く

3 どう

手のひらを上に向けて、
左右に軽く振る。

4 ですか

手のひらを自分側に
向けて立ててから、
指先を前に向ける。

第 6 章　学校の会話

レポートについて話す

167

卒業後はどうしますか?

1 卒業

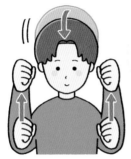

卒業証書を
受け取る様子

両手の親指を外に出してにぎり、
上にあげながら頭を下げる。

2 あと（未来、今度、〈位置的な〉前）

手のひらを前に向けて指をそろえ、
顔の横から前へ動かす。

3 する

両手の甲を上に向けてにぎり、
前に出す。

4 何?

人さし指を立てて、左右に振る。

対応手話　語順 ▶ 卒業 + あと + どう + する + ですか

1 卒業

2 あと

3 どう

手のひらを上に向けて、
左右に軽く振る。

4 する

5 ですか

手のひらを自分側に
向けて立ててから、
指先を前に向ける。

就職します。

日本手話　語順▶ 就職＋私

1 就職 🔄

仕事　　入る

両手のひらを上に向け、
指先を向かい合わせて、
左右から中央へ2回近づける。

両手の人さし指を伸ばして
「入」の形をつくり、前に倒す。

2 私

人さし指を伸ばして、自分をさす。

🔄 進学

学校　　入る

両手のひらを上に向けて体の
前で並べ、上下に2回動かす。

対応手話　語順▶ 就職＋する

1 就職

仕事　　入る

2 する

両手の甲を上に向けて
にぎり、前に出す。

169

天気を表す単語

　天気が晴れのとき、日本語では「良い天気ですね」と言います。これを手話で表すとどうなるでしょうか？　対応手話では「良い＋天気＋ですね」と表します。日本手話だと「良い＋天気」の代わりに「晴れ」の手話を使い、「晴れ＋ですね」と表します。

　どちらの表現が良いかわからないときでも、まちがっても良いので相手に伝えたいという気持ちをこめて手話を使ってみましょう。

晴れ渡る
空を表す

天気

右手の指を開いて手のひらを前に向け、左から右へ弧を描いて動かす。

晴れ

両手の指を開いて手のひらを前に向け、顔の前で交差してから、左右に開く。

手の動きの
強弱で雨の
降り方を
表せる

雨

両手の指を開いて下に向け、数回下げる。

曇り

両手の小指側を前に向けてすべての指で「C」の形をつくり（指文字「C」）、頭の上で揉むようにしながら左右に開く。

雪が
降っている
様子を表す

雪

両手の親指と人さし指で丸をつくって他の指は伸ばし（指文字「め」）、頭の横に構え、手首をひねりながら交互に下におろす。

第 7 章

SNS・ネットの
会話

SNSやインターネットに関する
会話表現を紹介します。
LINEやインスタグラムなどの単語も、
一緒に覚えましょう。

LINEを聞いてもいいですか?

日本手話　語順 ▶ LINE ＋たずねる＋構わない？

① LINE

両手のひらを前に向けて親指と人さし指を伸ばし（指文字「L」）、交互に前後させる。

② たずねる（ですか）

手のひらを自分側に向けて立ててから、指先を前に向ける。

③ 構わない？

小指をあごに2回あてる。

豆知識

連絡先を教えて？

手話には、「連絡先」や「宛先」などの「〜先」の表現がありません。「メールを聞いてもいい？」や「住所を教えてください」などの表現を使います。

対応手話　語順 ▶ LINE ＋たずねる＋構わない＋ですか

① LINE

② たずねる

③ 構わない

小指をあごに
2回あてる。

④ ですか

手のひらを自分側に
向けて立ててから、
指先を前に向ける。

いいですよ。ちょっと待ってください。

① 構わない

許可を
与えるときは
軽くうなずく

小指をあごに2回あてる。
このとき、首を下におろしてうなずく。

② ちょっと（少し）

親指と人さし指を伸ばして、
「ちょっと」のすきまを表す。

③ 待つ

親指以外の指をつけ根から曲げて、
あごをのせる。

④ 頼む（依頼）

手のひらを横に向けて指を伸ばし、
そのまま前に倒して、頭を下げる。

第7章　SNS・ネットの会話　連絡先を聞く

対応手話　語順 ▶ 構わない + です + ちょっと + 待つ + 頼む

① 構わない

② です（ある）

手のひらを下に向け、
軽く下げる。

③ ちょっと

④ 待つ

⑤ 頼む

LINEとメール、どっちが良いですか？

① LINE

体の右側で、両手のひらを前に向けて
親指と人さし指を伸ばし(指文字「L」)、
交互に前後させる。

② メール

体の左側で、親指と人さし指で丸をつくり
(指文字「め」)、前に出す。

③ どっち？

両手の人さし指を立てて、
交互に上下させる。

豆知識

比較するときは左右で表現

日本手話で2つのものを比べるときは、左右で1つずつ表現してから、それぞれを比較するように「どっち?」と表現します。これは、比べているものが何かを目で見てわかりやすくするためです。

LINE　　メール

対応手話 語順 ▶ LINE＋ メール ＋ どっち ＋ 良い ＋ ですか

❶ LINE

両手のひらを前に向けて親指と人さし指を伸ばし(指文字「L」)、交互に前後させる。

❷ メール

親指と人さし指で丸をつくり(指文字「め」)、前に出す。

❸ どっち

両手の人さし指を立てて、交互に上下させる。

❹ 良い

手を鼻の前でにぎり、前に出す。

❺ ですか

手のひらを自分側に向けて立ててから、指先を前に向ける。

メールを教えてください。

① メール

親指と人さし指で丸をつくり
（指文字「め」）、前に出す。

② 教わる

人さし指を伸ばして、
斜め上から顔に向けて2回振り下ろす。

③ 頼む（依頼）

手のひらを横に向けて指を伸ばし、
そのまま前に倒して、頭を下げる。

豆知識

「教える」と「教わる」

「教わる」の指を前に向けて振り下ろすと、「教える」の意味になります。表現するときは、手の向きに気をつけましょう。

教える

① メール

② 教わる

③ 頼む

日本手話と対応手話が
完全に同じになることも
あります。

第7章 SNS・ネットの会話 連絡方法を聞く

175

どこで撮った写真ですか?

日本手話	語順 ▶ 写真 + 撮る + どこ?

① 写真

カメラの
シャッターが
下りる様子

左手で半円をつくる。その前で、
右手の甲を前に向け、親指以外の指を横に
伸ばして(指文字「く」)、上から下へ動かす。

② 撮る

日本手話の「撮る」は、「指を開いて構え、指を閉じながら引く」という動作をおこないます。これは、日本手話では「何かを写し取る」という意味で使います。「レントゲン」「コピー」もこの動きです。一方、対応手話ではカメラのシャッターを押すしぐさで表します。

左手で半円をつくる。
その間に右手の指を開いて構え、
指を閉じながら自分側に引く。

③ どこ?

場所

手のひらを下に向けて指を曲げる。

何?

人さし指を立てて、左右に振る。

対応手話	語順 ▶ どこ + 撮る + 写真 + ですか

❶ どこ

場所　　　何

❷ 撮る(カメラ)

両手の親指と人さし指を
コの字にして構え、
右手の人さし指を立ててから曲げる。

❸ 写真

❹ ですか

手のひらを自分側に
向けて立ててから、
指先を前に向ける。

京都です。

1 京都

両手の甲を前に向けて
親指と人さし指を伸ばし
（指文字「ふ」）、2回下げる。

2 （指さし）

今いる場所が
京都ではないため、
斜め上をさす

人さし指を伸ばして、
斜め上をさす。

 北海道

同じ動きを
指文字「と」
で表す人も
います。

両手のひらを前に向けて、人さし指と中指をそろえ
て立て（指文字「う」）、顔の前でひし形に動かす。

 沖縄

人さし指と中指を顔の横に構え、手首をひねりなが
ら上へ動かす。

対応手話 | 語順 ▶ 京都＋です

1 京都

2 です（ある）

手のひらを下に向け、
軽く下げる。

「東京」（→59ページ）と「京都」
は手の向きが上向きか下向き
かのちがいです。上に2回動
かすと「東京」、下に2回動か
すと「京都」です。

第**7**章 SNS・ネットの会話 写真を撮った場所を聞く

177

今の写真をメールで送ってください。

日本手話 語順▶ 今 + 写真 +(指さし)+ メールされる + 頼む

1 今(今日、現在)

両手のひらを下に向け、
軽く下げる。

2 写真

左手で半円をつくる。その前で、右手の
甲を前に向け、親指以外の指を横に
伸ばして(指文字「く」)、上から下へ動かす。

3 (指さし)

人さし指を伸ばして、
写真をさす。

4 メールされる

相手から自分
へのメールな
ので、自分に向
かって動かす

親指と人さし指で丸をつくり
(指文字「め」)、自分側へ動かす。

5 頼む(依頼)

手のひらを横に向けて指を伸ばし、
そのまま前に倒して、頭を下げる。

対応手話 語順▶ 今 + 写真 + メールされる + 頼む

1 今　**2 写真**　**3 メールされる**　**4 頼む**

はい。あとでメールします。

① はい（うなずき）

頭を下におろして、うなずく。

② あと（未来、今度、〈位置的な〉前）

手のひらを前に向けて指をそろえ、
顔の横から前へ動かす。

③ メールする

自分から相手
へのメールな
ので、相手に向
かって動かす

親指と人さし指で丸をつくり
（指文字「め」）、前に出す。

④ 私

人さし指を伸ばして、自分をさす。

第7章　SNS・ネットの会話　写真を送ってもらう

対応手話　語順 ▶ 「はい」＋あと＋メール＋する

❶「はい」

「はい」という
口型（口の形）
にする。

❷ あと

❸ メール

❹ する

両手の甲を上に向けて
にぎり、前に出す。

①「はい」では、うなずき
をせず、口型（口の形）だ
けで伝えます。なぜなら、
対応手話が準じている日
本語はもともと、うなずき
をしない言語だからです。

これ、インスタグラムに載せていいですか？

語順 ▶ これ（指さし）＋ インスタグラム ＋ 載る ＋ 構わない？

① これ（指さし）

対象の
写真をさす

人さし指を伸ばして、写真をさす。

② インスタグラム

指文字「い」と、
シャッターを
押すしぐさを
合わせた表現

人さし指と小指を立てて、
人さし指を2回曲げる。

③ 載る

右手のひらを下に向けて指を曲げ
（「場所」→40ページ）、
上に向けた左手のひらにのせる。

④ 構わない？

小指をあごに2回あてる。

語順 ▶ これ（指さし）＋ インスタグラム ＋ 載る ＋ 構わない ＋ ですか

① これ（指さし）　② インスタグラム　③ 載る　④ 構わない　⑤ ですか

小指をあごに
2回あてる。

手のひらを自分側に
向けて立ててから、
指先を前に向ける。

きれいに写っているのでいいですよ。

日本手話 　語順 ▶ きれい ＋ ので（うなずき）＋ 構わない

1 きれい（美しい）

左手のひらを上に向けて
右手のひらをのせ、
左手首から指先に向けて動かす。

2 ので（うなずき）

理由を表す
うなずき

首を下におろして、
うなずく。

3 構わない

小指をあごに
2回あてる。

豆知識

いろいろなSNS

※「Facebook」には他の表現もあります。

Zoom	Facebook

手のひらを前に向けてすべての
指を曲げ（指文字「え」）、「Z」の
形に動かす。

顔

人さし指を伸ばして自分の顔
をさし、輪郭に沿って大きく円
を描く。

＋

本

両手のひらを合わせてから、
左右に開く。

対応手話 　語順 ▶ きれい ＋ なので ＋ 構わない ＋ です

1 きれい

2 なので

両手の親指と人さし指で
つくった丸をつないで
前に出す。

3 構わない

4 です（ある）

手のひらを下に向け、
軽く下げる。

対応手話では、
理由を表すとき
に、うなずきで
はなく「なので」
を使います。

このお店に行きたいです。

日本手話 　語順 ▶ 店 ＋ この（指さし）＋ 行く ＋ したい ＋ 私

1 店（商売、取引）

両手のひらを向かい合わせて親指と人さし指で丸をつくり、体の前で交互に前後させる。

2 この（指さし）

日本手話では「店（名詞）」＋「この（指示語）」の語順です。

人さし指を伸ばして、お店をさす。

3 行く

下に向けた人さし指を前に出す。

4 したい（好き）

親指と人さし指を伸ばしてあごの下に構え、斜め下にさげながら指を閉じる。

5 私

人さし指を伸ばして、自分をさす。

豆知識

「店」の表現

「店」の手話は、お金がやりとりされる様子を表しています。「商売」や「取引」という意味もあります。

対応手話 　語順 ▶ この（指さし）＋ 店 ＋ 行く ＋ したい ＋ です

1 この（指さし）

2 店

3 行く

4 したい

5 です（ある）

手のひらを下に向け、軽く下げる。

ネットで予約できるでしょうか？

① インターネット

インターネットが
地球をかけめぐる
イメージ

左手を、親指側を上に向けてにぎる。
右手の小指を伸ばして（指文字「い」）、
左手の周りを縦に1周する。

② 予約（約束）

両手の小指を上下に絡ませる。

③ できる？

指をそろえて少し曲げ、
肩の下あたりの遠い方から
近い方へあてて動かす。

ホームページ
（国語、ブログ）

両手の親指を前に向けて、
上、下の順番で前に少し押す。

対応手話　語順 ▶ インターネット ＋ 予約 ＋ できる ＋ ですか

① インターネット

② 予約

③ できる（大丈夫）

指をそろえて少し曲げ、
肩の下あたりの遠い方から近
い方へあてて動かす。

④ ですか

手のひらを自分側に
向けて立ててから、
指先を前に向ける。

第7章　SNS・ネットの会話　ネットでお店を探す

183

昨日のブログ、おもしろかったです。

日本手話 語順 ▶ 昨日 + ブログ + おもしろい + あなた

① 昨日

手の甲を前に向けて人さし指を立てて、
顔の横から肩ごしに後ろへ動かす。

② ブログ（ホームページ、国語）

両手の親指を前に向けて、
上、下の順番で前に少し押す。

③ おもしろい

両手をにぎり、
小指側でおなかを交互にたたく。

④ あなた

人さし指を伸ばして、相手をさす。

対応手話 語順 ▶ 昨日 + ブログ + おもしろい + です

① 昨日

② ブログ

③ おもしろい

④ です（ある）

手のひらを下に向け、
軽く下げる。

「ブログ」を表す手話は、他にもいくつかあります。この本では、わかりやすいものを紹介しています。

184

ありがとうございます。うれしいです。

1 ありがとう（感謝）

左手のひらを下にして横に向ける。
右手の指先を前に向け、左手首にあててから
上にあげ、頭を下げる。

2 うれしい（楽しい）

両手の指を開き、手のひらを自分側に向けて、
胸の前で交互に上下させる。

3 私

人さし指を伸ばして、自分をさす。

豆知識

手話は表情が大事！

ろう者は、「聴者は表情が乏しい」と不満を感じることがあるようです。これは、日本語と日本手話の言語のちがいによるものです。たとえば「うれしい」と伝えたいとき、日本語は音声のイントネーションで「すごくうれしい」「うれしい」「たいしてうれしくない」などの程度を表現します。一方、手話には音声がないので、表情によってイントネーションの代わりをするのです。表情が乏しいと、うれしさが伝わりません。

対応手話 　語順 ▶ ありがとう ＋ うれしい ＋ です

1 ありがとう **2 うれしい** **3 です（ある）**

手のひらを下に向け、
軽く下げる。

日本語では「ありがとう」「ありがとうございます」「感謝しています」「あなたのおかげです」など、感謝の表現が多くあります。しかし手話にはさまざまな表現がありません。手話の方が日本語よりも語彙の数が少ないからです。感謝の表現は、すべて「ありがとう」の手話になります。ちがいを表すために口型（口の形）をつけたり、丁寧さを表すために手話をゆっくり表現したりします。

185

この動画、おすすめですよ。

日本手話 語順 ▶ 動画 ＋ この（指さし）＋ すすめる

1 動画

左手の親指と人さし指を伸ばし
（指文字「れ」）、その横で、
右手の指を開いて横に向け、上下に動かす。

2 この（指さし）

人さし指を伸ばして、動画をさす。

3 すすめる

左手の親指を相手に向けて立てて、
右手の指先で2回押し上げる。

配信

左手の人さし指を立てる。右手の親指と人さし
指を伸ばし、左手にあてると同時に閉じて、次
に右手の指を開いて斜め下へ動かす。

対応手話 語順 ▶ この（指さし）＋ 動画 ＋ すすめる ＋ です

1 この（指さし）

2 動画

3 すすめる

4 です（ある）

手のひらを下に向け、
軽く下げる。

タイトルを教えてください。

1 タイトル（テーマ、主題）

左手のひらを前に向けて立てる。
右手の親指と人さし指の間をあけて
左手のひらにあて、下へ動かす。

2 教わる

人さし指を伸ばして、
斜め上から顔に向けて2回振り下ろす。

3 頼む（依頼）

手のひらを横に向けて指を伸ばし、
そのまま前に倒して、頭を下げる。

内容

左手の甲を前に向け、親指以外の指を横に伸ばし（指文字「く」）、その内側で右手の人さし指を下に向け、2回まわす。

1 タイトル　2 教わる　3 頼む

「タイトル」という手話は、本の背表紙に由来しています。親指と人さし指の間を開けて下におろすことで、本の背表紙の縦に細長い形を表現しています。この手話は、本、映画、動画など、何のタイトルでも表すことができます。また、「タイトル」の他に「テーマ」「主題」という意味もあります。

アメリカ手話を使ってみよう

　日本手話の語順が日本語と異なるように、アメリカ手話も、語順や文法が英語とは異なります。たとえば「Who is she？（あの女性は誰ですか?）」は、アメリカ手話では「She ＋ Woman ＋ Who？」となります。

　また、アメリカ手話は日本の手話にも影響を与えています。1929（昭和4）年に旧大阪市立聾唖学校の大曾根源助先生は、ろう教育視察のためにアメリカに渡りました。そして帰国後、五十音の指文字をつくりました。そのため、指文字の「あいうえお　かさはやらわ」はアメリカ手話に由来しています。

name

両手の人さし指と中指を斜め前に伸ばして上下に構え、上の手で下の手を軽く2回たたく。

I love you.

親指と人さし指、小指を立てて、アメリカ式の指文字「i」「l」「y」をまとめて表す。

投げキッスしている様子

Thank you.

手の甲を前に向け、親指以外の指を横に伸ばして（指文字「く」）、指先を口元にあててから前に出す。

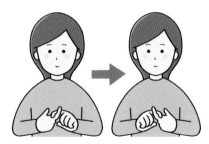

friend

両手の人さし指を斜めに組み合わせ、上下を入れ替えてもう一度組み合わせる。

第8章

体調・病気の
会話

自分の体調を伝えたり、
相手の体調を気づかう会話表現を
練習しましょう。花粉症やインフルエンザ
などの単語も紹介します。

頭が痛いです。

日本手話 語順 ▶ 頭 ＋ 痛い ＋ 私

① 頭

人さし指を伸ばして、頭をさす。

② 痛い

痛い場所の
そばで表現する

手のひらを上に向けて指を曲げ、
腕ごとゆらす。

---

③ 私

人さし指を伸ばして、自分をさす。

 **おなか**

人さし指を伸ばして、おなかを指さす。

対応手話 語順 ▶ 頭 ＋ 痛い ＋ です

① 頭　

② 痛い　

③ です（ある）　

手のひらを下に向け、
軽く下げる。

日本語で「痛み」を表すときには、「ズキズキ」「キリキリ」「シクシク」などの擬態語を使います。しかし、このような痛みの程度を手話に換えるのは本当に難しいことです。「痛い」の手話の指の曲げ具合で痛みの強弱を表すなど、工夫して伝える必要があります。

痛そうですね。大丈夫ですか？

日本手話　語順▶ 痛い + 感じ + あなた + 大丈夫？

① 痛い

手のひらを上に向けて指を曲げ、
腕ごとゆらす。

② 感じ

人さし指を伸ばして、こめかみにあてる。
このとき、頭を少し後ろに引く。

③ あなた

人さし指を伸ばして、相手をさす。

④ 大丈夫？

指をそろえて少し曲げ、
肩の下あたりの遠い方から
近い方へあてて動かす。

対応手話　語順▶ 痛い + らしい + ですね + 大丈夫 + ですか

① 痛い

② らしい

人さし指と中指を
立てて「ﾉ」を
空中に描く。

③ ですね（同じ）

片手は相手の位
置、もう一方は自
分の近くで、両手
のひらを上に向
け、親指と人さし
指を伸ばしてから
2回閉じる。

④ 大丈夫（できる）

指をそろえて少し曲げ、肩
の下あたりの遠い方から
近い方へあてて動かす。

⑤ ですか

手のひらを自分側に
向けて立ててから、
指先を前に向ける。

第8章 体調・病気の会話

体調不良をうったえる①

熱っぽいです。

日本手話 語順 ▶ 熱が上がる ＋ 感じ ＋ 私

① 熱が上がる ↻入れ替え

親指と人さし指をつけて
左のわきにあててから、
人さし指だけを上げる。

② 感じ

人さし指を伸ばして、こめかみにあてる。
このとき、頭を少し後ろに引く。

③ 私

人さし指を伸ばして、自分をさす。

↻入れ替え 熱が下がる

親指と人さし指を伸ばして左のわきにあてて
から、人さし指を下げて指を閉じる。

対応手話 語順 ▶ 熱が上がる ＋ らしい ＋ です

① 熱が上がる

② らしい

人さし指と中指を立てて
「⚡」を空中に描く。

③ です（ある）

手のひらを下に向け、
軽く下げる。

日本語の「〜っぽい」（「名詞」
＋「っぽい」）には、「その名詞
の状態に近い」という意味が
あります。「っぽい」は手話に
はない語なので、日本手話で
は②「感じ」、対応手話では
②「らしい」で代用します。

薬を飲んだらどうですか?

① 薬

左手のひらを上に向け、
右手の薬指で小さな円を描くようにまわす。

② 飲む

「薬」を表現した左手のひらを
口元に近づける。

③ どう？

手のひらを上に向けて、左右に軽く振る。

豆知識

薬を飲むときの表現

「飲む」は、何を飲むかによって表現が変わります。ここでは「錠剤を飲む」という設定で、手のひらを口元に近づけています。粉薬の場合は、指先をこすり合わせてから（「粉」→47ページ）、袋の上部を切り、口に入れるしぐさをします。対応手話は日本語に準じた手話です。日本語では薬でも水でもコーヒーでも何を飲む時でも「飲む」という同じ動詞を使います。そのため対応手話では常に「飲む」というひとつの手話で表します。

第8章 体調・病気の会話

体調不良をうったえる②

対応手話　語順 ▶ 薬＋飲む＋どう＋ですか

① 薬

② 飲む

親指とそれ以外の指で
コップを持つように構え、
口元に近づける。

③ どう

手のひらを上に向けて、
左右に軽く振る。

④ ですか

手のひらを自分側に
向けて立ててから、
指先を前に向ける。

めまいがします。

日本手話 語順 ▶ めまいがする ＋ 私

① めまいがする（めまい、酔う） ② 私

両手の人さし指を、
両目に向けて左右交互にまわす。

人さし指を伸ばして、自分をさす。

吐き気

体内からこみ
上げたものを
吐き出す様子

手のひらを胸にあててから上にあげ、
手のひらを上に向けて前に出す。

寒気

寒い

親指側を上にして両手をに
ぎり、脇をしめて小刻みに震
わせる。

感じ

人さし指を伸ばして、こめか
みにあてる。このとき、頭を
少し後ろに引く。

対応手話 語順 ▶ めまい ＋ する

① めまい

両手の人さし指を、
両目に向けて
左右交互にまわす。

② する

両手の甲を上に向けて
にぎり、前に出す。

日本手話は日本語よりも英語と似ている面があります。
たとえば、名詞と動詞が同形であることが多いという点
です。日本手話①のように、名詞「めまい」は動詞「め
まいがする」と同じ手話です。英語でも、「仕事」と「仕
事をする」がどちらも「work」であるように、ひとつの
単語に名詞と動詞の意味があることが多いです。一方、
日本語や日本語に準じている対応手話は、名詞に「す
る」をつけないと動詞にはなりません。

明日の仕事は休めそうですか？

1 明日

手のひらを前に向けて人さし指を立て、
顔の横から前へ出す。

2 仕事（働く、職業）

両手のひらを上に向け、
指先を向かい合わせて、
左右から中央へ2回近づける。

3 休む（休み）

両手のひらを下に向け、
左右から中央に動かして並べる。

4 できる（大丈夫）

指をそろえて少し曲げ、
肩の下あたりの遠い方から
近い方へあてて動かす。

5 あなた？

人さし指を伸ばして、
相手をさす。

1 明日

2 仕事

3 休む

4 できる

5 ですか

手のひらを自分側に
向けて立ててから、
指先を前に向ける。

第8章　体調・病気の会話

体調不良をうったえる③

195

やせたみたいですが大丈夫ですか？

日本手話 語順 ▶ やせる＋感じ＋あなた＋大丈夫？

1 やせる

ほほがこけて
いる様子

両手の甲を向かい合わせて
ほほの横に構え、両手の間をせばめてから、
広げながら下におろす。

2 感じ

人さし指を伸ばして、こめかみにあてる。
このとき、頭を少し後ろに引く。

3 あなた

人さし指を伸ばして、相手をさす。

4 大丈夫？

指をそろえて少し曲げ、
肩の下あたりの遠い方から
近い方へあてて動かす。

対応手話 語順 ▶ やせる＋みたい＋ですが＋大丈夫＋ですか

1 やせる

2 みたい

両手のひらを自分側に向
けてにぎり、小指を立てて
重ね、2回こすり合わせる。

3 ですが

指を立てた手のひらを前
に向けてから、手首を返
して自分側に向ける。

4 大丈夫（できる）

指をそろえて少し曲げ、肩
の下あたりの遠い方から
近い方へあてて動かす。

5 ですか

手のひらを自分側に
向けて立ててから、指
先を前に向ける。

ダイエットしているだけです。

日本手話 語順 ▶ ダイエット＋だけ＋私

❶ ダイエット

体がやせて
いる様子

両手のひらを向かい合わせ、
両手の間をせばめてから、
広げながら下におろす。

❷ だけ

左手のひらを上に向け、
人さし指を前に伸ばした右手をのせる。

❸ 私

人さし指を伸ばして、自分をさす。

豆知識

「やせる」と「ダイエット」のちがい
「やせる」と「ダイエット」を同じ手話で
表す人もいます。しかし、「やせる」は肉
が落ち、体が細くなることで、「ダイエッ
ト」は健康や美容のために食事を制限す
ることなので、手話も変えたいところで
す。"ほほがこけること"と"体のスタイ
ルが良くなること"でちがいを表してい
ます。

対応手話 語順 ▶ ダイエット＋する＋だけ＋です

❶ ダイエット **❷ する** **❸ だけ** **❹ です**（ある）

両手の甲を上に向けて
にぎり、前に出す。

手のひらを下に向け、
軽く下げる。

辛そうですね。

① 辛い（苦しい）

指を軽く曲げて、胸につけて円を描く。

② 感じ

人さし指を伸ばして、こめかみにあてる。
このとき、頭を少し後ろに引く。

③ あなた

人さし指を伸ばして、相手をさす。

豆知識

「〜そうです」の使い分け

日本語の「〜そうです」には、「様態」と「伝聞」の意味があります。様態の「〜そうです」は、自分の目で見て、人や物の状態を推察して述べるときに使い、日本手話では②「感じ」で表します。伝聞の「〜そうです」は、他の人から聞いたり、本やテレビなどで知った事柄を表すときに使い、日本手話では「聞く」（→116ページ）で表します。

---

① 辛い

② らしい

人さし指と中指を立てて「レ」を空中に描く。

③ ですね（同じ）

片手は相手の位置、もう一方は自分の近くで、両手のひらを上に向け、親指と人さし指を伸ばしてから2回閉じる。

花粉症なんです。

日本手話 | 語順 ▶ 花粉症 ＋ 私

❶ 花粉症

花

「花」＋（ひらひら）
＝「花粉」

病気

両手の指先を上に向けて開き、
両手首だけをつけてから
手首の位置を入れ替える。

指をひらひらさせながら
自分の鼻に向けて動かす。

にぎった手の親指側を
おでこに2回あてる。

❷ 私

人さし指を伸ばして、自分をさす。

アレルギー

左手の人さし指を伸ばす。右手の親指を横に
伸ばし（指文字「あ」）、左手の人さし指にあて
てから離す。

対応手話 | 語順 ▶ 花粉症 ＋ です

❶ 花粉症

花 | 病気

❷ です（ある）

手のひらを下に向け、
軽く下げる。

「病気」という手話
で「〜症」を表し
ます。

第8章 体調・病気の会話

体調を心配する②

199

顔色が悪いですよ。

1 顔

人さし指を伸ばして自分の顔をさし、
輪郭に沿って大きく円を描く。

2 悪い

人さし指を立てて、鼻をかすめて倒す。

3 あなた

人さし指を伸ばして、相手をさす。

4 大丈夫？

「顔」+「悪い」+「あなた」+「大丈夫？」は、容姿の話ではなく、顔色の悪さを心配しています。心配する表情をつけることで、体調を気づかっていることが伝わります。

指をそろえて少し曲げ、
肩の下あたりの遠い方から近い方へ
あてて動かす。

対応手話 　語順 ▶ 顔 + 色 + 悪い + です

1 顔

2 色

両手の指先をつけてから、
一方は自分側に、もう一方は
前に向けて同時にねじる。

3 悪い

4 です(ある)

手のひらを下に向け、
軽く下げる。

寝不足なんです。

① 寝不足

寝る

枕に頭を
のせる様子

頭を傾けて、にぎった手にあてる。

不足

左手のひらを上に向ける。
右手の人さし指をのせて、
自分側に2回動かす。

② 私

人さし指を伸ばして、自分をさす。

豆知識

「寝る」を使った表現

「寝る」という手話には、他に「泊まる」という意味もあります。数詞と組み合わせて、「2＋寝る」は「2泊」、「3＋寝る」は「3泊」のように表すこともできます。また、にぎった手を斜め上にあげて頭からはずすと、"枕がはずれてもまだ寝ている"という意味で「寝坊」（→61ページ）になります。

---

① 寝不足

寝る　　不足

② です（ある）

手のひらを下に向け、
軽く下げる。

聞こえない人が寝言を発しているのを見る機会はなかなかないと思いますが、日常的に手話を話す人たちの場合、実は、寝言も手話なのです。普段使う言葉が寝言で出るのは自然なことですが、聴者にとっては少し意外かもしれませんね。

インフルエンザになりましたか？

日本手話 語順 ▶ インフルエンザ＋終わる＋あなた？

1 インフルエンザ

指文字「い」で
せきをする
様子

小指を立てて(指文字「い」)、
親指側を口元に2回あてる。

2 終わる（でした、ました）

両手のひらを上に向けて、
下げながら指を閉じる。

3 あなた？

人さし指を伸ばして、
相手をさす。

 **コロナ**

左手の指を「C」の形にする。その後ろに、指
を開いた右手をつけ、手首を支点にして左から
右へまわす。

対応手話 語順 ▶ インフルエンザ＋なる＋ました＋ですか

1 インフルエンザ	2 なる	3 ました（終わる）	4 ですか

2 なる

両手のひらを
自分側に向けて構え、
体の前で交差させる。

3 ました（終わる）

4 ですか

手のひらを自分側に
向けて立ててから、
指先を前に向ける。

はい。辛かったです。

① はい（うなずき）

肯定を表す
うなずき

頭を下におろして、うなずく。

② 辛い（苦しい）

指を軽く曲げて、胸につけて円を描く。

③ 私

人さし指を伸ばして、自分をさす。

豆知識

日本語と手話の時制

日本語は時制がはっきりしています。過去を表すとき、動詞なら「行く→行った」「行きます→行きました」となります。形容詞なら「おいしい→おいしかった」「おいしいです→おいしかったです」、名詞なら「雨だ→雨だった」「雨です→雨でした」のように過去を表します。ところが、手話では時制を表さないことがあります。特に形容詞の場合は、過去の話でも過去形にせず、文脈から判断することが多いようです。

---

①「はい」

「はい」という
口型（口の形）に
する。

② 辛い

③ 終わる（でした）

両手のひらを上に
向けて、下げながら
指を閉じる。

④ です（ある）

手のひらを下に向け、
軽く下げる。

診察時間は何時までですか？

日本手話	語順 ▶ 診察 + 時間 + いくつ + まで？

① 診察

左手の甲に、右手の人さし指と
中指をあてて2回たたく。

② 時間

右手の人さし指を、
左手首の腕時計の位置にあてる。

③ いくつ

「時間」+「いくつ」
で「何時？」を表
します。

手のひらを上に向け、
親指から順に指を折る。

④ まで？

左手の指先を前に向けて伸ばす。
右手の指先を左に向けて動かして、
左手のひらにあてる。

対応手話	語順 ▶ 診察 + 時間 + いくつ + まで + ですか

① 診察

② 時間

③ いくつ

④ まで（最後）

左手の指先を前に向けて
伸ばす。右手の指先を左に向けて
動かして、左手のひらにあてる。

⑤ ですか

手のひらを自分側に
向けて立ててから、
指先を前に向ける。

午後6時だと思います。

1 午後

人さし指と中指をそろえて、
額の前に立て、
手のひら側へ倒す。

2 6時

時間

右手の人さし指を、
左手首の腕時計の
位置にあてる。

6

手の甲を前に向け、
親指と人さし指を伸ばす。

3 まで(最後)

左手の指先を前に向けて
伸ばす。右手の指先を左に向けて
動かして、左手のひらにあてる。

4 思う

人さし指を伸ばして、
こめかみにあてる。

5 私

人さし指を伸ばして、
自分をさす。

対応手話　語順 ▶ 午後 + 6時 + まで + 思う

1 午後

2 6時

時間

6

3 まで

4 思う

第8章 体調・病気の会話　診察時間を聞く

手話を学ぶ方に知ってほしいこと
～手話の悲しい歴史～

　現在では、ドラマや映画で手話を見ることが増えました。手話をすることは悪いことでも恥ずかしいことでもありません。しかし、かつて長い間ろう学校では手話が禁止され、手話を使った生徒は罰を与えられました。

　私を手話通訳士に育ててくださった恩師のろう者の体験談を紹介します。

　　山陽地方のろう学校小学部5年生のとき、体験したこと。
　　授業中、先生が板書している間、隣の生徒と手話でお喋りをしていた。
　　すると先生からチョークが飛んできた。『手話するな！』
　　いきなり廊下へ引っ張られ、水を張ったバケツを両手に持たされ立たされた。
　　しかも「僕は手話をしました」と書かれた紙を首から掛けられた。
　　50年以上たった今でも覚えている。あれほど酷い仕打ちはなかった。
　　『僕は手話をしました。ごめんなさい。』

　　ろう教育は、聴者と対等またはそれに近づけるべく、聴覚と発音に重点を置いていた。成績が悪くても、発音がきれいであれば優等生とみなした。成績が良くても発音が悪ければ、劣等生とみなしていた。学力は置き去りにされてしまったゆえに日本語習得の機会が損なわれてしまった。聴者の学校に比べて1～5年遅れが当たり前だった昭和時代は、まさに暗黒であった。

　聴覚障がい者とのコミュニケーション手段には、「手話」「口話」「筆談」などがあります。「口話」というのは、口の形を読み取って相手の言葉を理解し、厳しい発音の訓練をして、自分の声が聞こえない状態で音声を発してコミュニケーションをとる方法です。昭和8年以来、全国のろう学校では口話法教育がおこなわれ、手話は禁じられていました。

　体験談の冒頭を読んで、「授業中にしゃべっていたから怒られただけなのでは？」と思った人がいるかもしれませんが、そうではありません。信じられないことに「手話で話したから」怒られたのです。当時は、聞こえない方々が自分たちの母語を使ったためにおしおきされるという、あってはならないことがおこなわれていたのです。

　手話は先生の目を盗んで生徒から生徒へと伝えられ、現在に至った言語なのです。

指文字・数詞

指文字とは、
手の形で日本語の五十音やアルファベットを表すもので、
数詞とは、数を表す言葉です。
ここでは、あいうえお、アルファベット（アメリカ式）、
アルファベット（日本式）、数詞の表し方を紹介します。

指文字 ── あいうえお

あ	い	う	え	お
アメリカ式の指文字「a」	アメリカ式の指文字「i」	アメリカ式の指文字「u」	アメリカ式の指文字「e」	アメリカ式の指文字「o」
親指を横に伸ばす。	小指を立てる。	人さし指と中指をそろえて立てる。	手のひらを前に向け、すべての指を曲げる。	小指側を前に向け、すべての指で丸をつくる。

か	き	く	け	こ
アメリカ式の指文字「k」	影絵のキツネの形	数詞「9」	敬礼のイメージ	カタカナの「コ」の形
人さし指と中指を伸ばし、親指の先を中指につける。	人さし指と小指を立て、それ以外の指をつける。	手の甲を前に向け、親指以外の指を横に伸ばす。	親指を曲げ、他の指をそろえて立てる。	小指側を前に向け、親指を立てたまま他の指を倒す。

さ	し	す	せ	そ
アメリカ式の指文字「s」	数詞「7」	カタカナの「ス」の形	背の高い指を示す	「それ」と指さす手話
親指を外に出してにぎる。	手の甲を前に向け、親指と人さし指、中指を伸ばす。	手の甲を前に向け、親指と人さし指、中指を伸ばす。	手のひらを前に向け、中指を立てる。	人さし指を伸ばして、前をさす。

※イラストは、右利きの人がまねしやすいよう「鏡写し」にしています。

た	ち	つ	て	と
	数詞「1000」	カタカナの「ツ」の形	手の形を示す	指文字「う」の逆向き
親指を立てる。	小指を立てて、他の指をつける。	薬指と小指を立てて、他の指をつける。	指をそろえて立てる。	手の甲を前に向け、人さし指と中指をそろえて立てる。

な	に	ぬ	ね	の
アルファベットの「n」の形	数詞「二」		木の根の形を表す	カタカナの「ノ」を空中に書く
手の甲を前に向け、人さし指と中指を下に伸ばす。	手の甲を前に向け、人さし指と中指を横に伸ばす。	小指側を前に向け、指先を曲げた人さし指を立てる。	手の甲を前に向け、指を下に伸ばす。	人さし指で「ノ」の文字を空中に書く。

は	ひ	ふ	へ	ほ
アメリカ式の指文字「h」	数詞「1」	カタカナの「フ」の形	「へ」の形	ヨットの帆を表す
小指側を下にして、人さし指と中指をそろえて斜め前に向ける。	人さし指を立てる。	手の甲を前に向け、親指と人さし指を伸ばす。	手の甲を前に向け、親指と小指を下に伸ばす。	手の甲を前に向け、手のひらをくぼませて立てる。

指文字 ──あいうえお

ま	み	む	め	も
アルファベットの「m」の形	数詞「三」	数詞「6」	目の形を表す	「同じ」の手話を片手だけで表現
手の甲を前に向け、人さし指と中指、薬指を下に伸ばす。	手の甲を前に向け、人さし指と中指、薬指を横に伸ばす。	手の甲を前に向け、親指と人さし指を伸ばす。	親指と人さし指で丸をつくり、他の指は伸ばす。	手のひらを上に向け、親指と人さし指を伸ばしてから閉じる。

や		ゆ		よ
アメリカ式の指文字「y」		温泉マークを表す		数詞「四」
親指と小指を伸ばす。		手の甲を前に向け、人さし指と中指、薬指を立てる。		手の甲を前に向け、親指以外の指を横に伸ばす。

ら	り	る	れ	ろ
アメリカ式の指文字「r」	「リ」を空中に書く	カタカナの「ル」の形	カタカナの「レ」の形	指先がカタカナの「ロ」の形
中指に人さし指をクロスさせる。	人さし指と中指を立てて、指先を斜め下へはらう。	親指と人さし指、中指を伸ばす。	親指と人さし指を伸ばす。	小指側を前に向け、指先を曲げた人さし指と中指をそろえて立てる。

※イラストは、右利きの人がまねしやすいよう「鏡写し」にしています。

わ		を			ん
アメリカ式の 指文字「w」		指文字「お」の 変形			カタカナの「ン」を 空中に書く
人指し指と中指、薬 指を立てる。		小指側を前に向け、 すべての指で丸をつ くり、自分側へ引く。			人さし指で「ン」の 文字を空中に書く。

べ	ぺ
濁音(だくおん)は、指文字を 右へ動かす	半濁音(はんだくおん)は、指文字を 下から上へ動かす

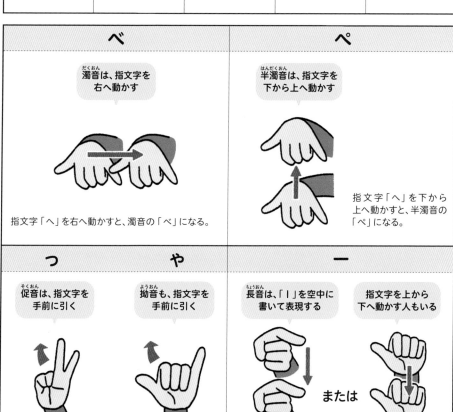

指文字「へ」を右へ動かすと、濁音の「べ」になる。

指文字「へ」を下から上へ動かすと、半濁音の「ぺ」になる。

つ	や	ー
促音(そくおん)は、指文字を 手前に引く	拗音(ようおん)も、指文字を 手前に引く	長音(ちょうおん)は、「Ⅰ」を空中に 書いて表現する
		指文字を上から 下へ動かす人もいる

または

「つ」や「や」の指文字を手前に引くと、
それぞれ促音「っ」や拗音「ゃ」になる。

長音は、人さし指で「Ⅰ」を空中に書くか、
指文字「あ」を下に動かして「あー」を表現する。

211

指文字 ——アルファベット（アメリカ式）

a	b	c	d	e
「a」の形		「c」の形	「d」の形	「e」の形
親指を横に伸ばす。	親指を曲げ、他の指をそろえて立てる。	小指側を前に向け、すべての指で「c」の形をつくる。	小指側を前に向け、人さし指を立て、その他の指を丸にする。	手のひらを前に向け、すべての指を曲げる。

f	g	h	i	j
			「i」の形	「j」を空中に書く
親指と人さし指の先をつけ、他の指は伸ばす。	小指側を前に向けて、親指と人さし指を平行に伸ばす。	小指側を下にして、人さし指と中指をそろえて斜め前に向ける。	小指を立てる。	小指で「j」の文字を空中に書く。

k	l	m	n	o
「k」の形	「L」の形	3本指で「m」の形を表す	2本指で「n」の形を表す	「o」の形
人さし指と中指を伸ばし、親指の先を中指につける。	親指と人さし指を伸ばす。	親指を内に入れてにぎり、薬指と小指の間から親指を出す。	親指を内に入れてにぎり、中指と薬指の間から親指を出す。	小指側を前に向け、すべての指で丸をつくる。

※イラストは、右利きの人がまねしやすいよう「鏡写し」にしています。

p	q	r	s	t
指文字「k」を下に向けた形	指文字「g」を下に向けた形	「r」の形	石（stone）の形	
人さし指と中指を下へ伸ばし、親指の先を中指につける。	親指と人さし指を下に向け、平行に伸ばす。	中指に人さし指をクロスさせる。	親指を外に出してにぎる。	親指を内に入れてにぎり、人さし指と中指の間から親指を出す。

u	v	w	x	y
「u」の形	「v」の形	「w」の形	数詞「10」を横に向ける	「y」の形
人さし指と中指をそろえて立てる。	人さし指と中指を立て、チョキの形にする。	人指し指と中指、薬指を立てる。	小指側を前に向け、指先を曲げた人さし指を立てる。	親指と小指を伸ばす。

z
「z」を空中に書く

人さし指で「z」の文字を空中に書く。

豆知識

日本語の指文字はアルファベット由来が多い

日本の指文字には、アメリカ式の指文字を参考につくったものがあります。「あ・い・う・え・お」と「か・さ・（た）・（な）・は・（ま）・や・ら・わ」は、それぞれ「a」や「k」などと共通しています（「た」と「t」、「な」と「n」、「ま」と「m」は少しちがった形です）。あわせて練習してみましょう。

A	B	C	D	E
左手の人さし指を斜めに立て、右手の人さし指と親指で三角をつくる。	左手の人さし指を立て、甲を前に向けた右手の人さし指と中指、薬指を垂直にあてる。	小指側を前に向け、すべての指で「C」の形をつくる。	左手の人さし指を立て、右手の人さし指と親指を垂直にあてる。	左手の人さし指を立て、甲を前に向けた右手の人さし指と中指、薬指を垂直にあて、右へ動かす。

F	G	H	I	J
左手の人さし指を立て、甲を前に向けた右手の人さし指と中指を横に向けてあて、右へ動かす。	左手の親指と人さし指を「C」の形にし、親指に右手の人さし指をかける。	右手の甲を前に向けて親指と人さし指を伸ばし、人さし指を、立てた左手の人さし指にあてる。	小指を立てる。	小指で「J」の文字を空中に書く。

K	L	M	N	O
左手の人さし指を立てて、右手の人さし指を「く」の字を書くように、あててから離す。	親指と人さし指を伸ばす。	左手の人さし指を立てた先から、右手の人さし指を「M」の形になるように動かす。	左手の人さし指を立てた先から、右手の人さし指を「N」の形になるように動かす。	小指側を前に向け、すべての指で丸をつくる。

214

P	Q	R	S	T
左手の人さし指を立てた先から、右手の人さし指を「P」の形になるように動かす。	左手で丸をつくり、右手の人さし指を丸にあててから斜め下に動かす。	左手の人さし指を立てた先から、右手の人さし指を「R」の形になるように動かす。	人さし指で「S」の文字を空中に書く。	両手の人さし指を垂直に合わせ、「T」の形にする。

U	V	W	X	Y
人さし指で「U」の文字を空中に書く。	人さし指と中指を立て、チョキの形にする。	両手の親指と人さし指を立てて親指の先を合わせ、「W」の形にする。	両手の人さし指を交差させ、斜め下に動かす。	親指と小指を伸ばす。

Z

人さし指で「Z」の文字を空中に書く。

豆知識

日本式アルファベットの使い方

日本式のアルファベットは、「A」～「Z」の文字の形を表したものです。「グラム」や「メートル」（→45ページ）の前に「K」をつけて「キログラム」や「キロメートル」にできる他、「GW」＝「ゴールデンウィーク」など、単位や外来語の表記に使われることがあります。

0	1	2	3	4
小指側を前に向けて、すべての指で丸をつくる。	人さし指を立てる。	人さし指と中指を立て、チョキの形にする。	人さし指と中指、薬指を立てる。	親指以外の指を立てる。

5	6	7	8	9
親指を横に伸ばす。	手の甲を前に向け、親指と人さし指を伸ばす。	手の甲を前に向け、親指と人さし指、中指を伸ばす。	手の甲を前に向け、小指以外を伸ばす。	手の甲を前に向け、親指以外の指を横に伸ばす。

一	二	三	四
漢数字「一」を表す	漢数字「二」を表す	漢数字「三」を表す	「1」「2」「3」「4」には指を横に伸ばした表現があります。これは漢数字に相当し、「一月」や「二人」など、単位とともに使用することが多いです。「5」以降は算用数字も漢数字も同じ形で表します。
手の甲を前に向け、人さし指を横に伸ばす。	手の甲を前に向け、人さし指と中指を横に伸ばす。	手の甲を前に向け、人さし指と中指、薬指を横に伸ばす。	手の甲を前に向け、親指以外の指を横に伸ばす。

※イラストは、右利きの人がまねしやすいよう「鏡写し」にしています。

10	12
数詞「2」の指を曲げれば「20」	10　　　　2
人さし指を立てて（数詞「1」）から、曲げる。	2けたの数字を表す場合は、10の位（数詞「10」）を表現したあとで、1の位（数詞「2」）を表現する。

100	1000	10000
数詞「二」の手にすると「200」を表せる		親指と、それ以外の指をそろえて立ててから指を閉じる。
手の甲を前に向けて人さし指を横に伸ばし（数詞「一」）、横から上にあげる。	小指を立てて、他の指をつける。	

豆知識

「2000」の表し方は2通り

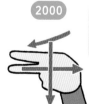

2000

数詞「三」の手にすると「3000」を表せる

または

数詞「二」を表した手で、「千」の文字を空中に書く。

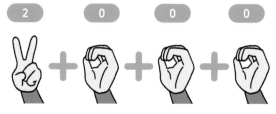

2　　0　　0　　0

数詞「2」を表したあとで、数詞「0」を3回表す。このとき、ひとつの数字を表すごとに手を右に移動させる。
※年号や当選番号を表すときはこの表現を使うことがあります。

索引

本書のフレーズで使われている単語と、入れ替え単語、豆知識やコラムに登場する単語を引くことができます。フレーズを探したいときには、目次（→6〜12ページ）を活用してください。指文字や数詞は、巻末付録（→208〜217ページ）で確認してください。

220

鈴木隆子（すずき・たかこ）

東京都生まれ。立教大学文学部英米文学科卒。大学時代は体育会応援団チアリーディング部に所属。手話通訳士。日本語教育能力検定試験合格の日本語教師。宅地建物取引士の資格あり。「テンダー手話&日本語教室」代表（同名のYouTubeチャンネルで動画を見ることができます）。早稲田大学エクステンションセンター講師。2008年より日本で唯一の「聴覚障がい者のための手話でおこなう日本語講座」を開講。著書に『ろう者と聴者の懸け橋に』（大月書店）、監修した本に『サポート手話』（UDジャパン）、『ろう者の祈り』（朝日新聞出版）がある。
「テンダー手話&日本語教室」YouTubeチャンネル　https://www.youtube.com/@user-ju5uz1oo6f

本文デザイン	中務慈子
カバー・本文イラスト	よしださやか
カバーデザイン	萩原睦（株式会社志岐デザイン事務所）
編集協力	株式会社キャデック
校正協力	株式会社ぷれす

はじめてでもそのまま使える
手話会話フレーズ228

監修者	鈴木隆子
発行者	池田士文
印刷所	TOPPANクロレ株式会社
製本所	TOPPANクロレ株式会社
発行所	株式会社池田書店
	〒162-0851
	東京都新宿区弁天町43番地
	電話 03-3267-6821（代）
	FAX 03-3235-6672

落丁・乱丁はお取り替えいたします。
©K.K. Ikeda Shoten 2023, Printed in Japan
ISBN 978-4-262-12377-6

[本書内容に関するお問い合わせ]
書名、該当ページを明記の上、郵送、FAX、または当社ホームページお問い合わせフォームからお送りください。なお回答にはお時間がかかる場合がございます。電話によるお問い合わせはお受けしておりません。また本書内容以外のご質問などにもお答えできませんので、あらかじめご了承ください。本書のご感想についても、当社HPフォームよりお寄せください。
[お問い合わせ・ご感想フォーム]
当社ホームページから
https://www.ikedashoten.co.jp/

本書のコピー、スキャン、デジタル化等の無断複製は著作権法上での例外を除き禁じられています。本書を代行業者等の第三者に依頼してスキャンやデジタル化することは、たとえ個人や家庭内での利用でも著作権法違反です。

24015508